Ingo Stock

111 Orte im Werra-Meißner-Kreis, die man gesehen haben muss

111

emons:

Bibliografische Information der Deutschen Nationalbibliothek
Die Deutsche Nationalbibliothek verzeichnet diese Publikation in der Deutschen Nationalbibliografie; detaillierte bibliografische Daten sind im Internet über http://dnb.d-nb.de abrufbar.

Layout: Eva Kraskes, nach einem Konzept
von Lübbeke | Naumann | Thoben
Kartografie: altancicek.design, www.altancicek.de
Kartenbasisinformationen aus Openstreetmap,

Druck und Bindung: Lensing Druck GmbH & Co. KG,
Feldbachacker 16, 44149 Dortmund
Printed in Germany 2020
ISBN 978-3-7408-0855-6
Originalausgabe

Vorwort

Als ich 2009 zum ersten Mal das Werratal bei Witzenhausen besuchte, ahnte ich nicht, wie sehr sich dadurch mein Leben verändern würde. Aus einem kleinen Flirt wurde eine große Liebe, aus einer ersten Reise ein zweites Zuhause. Wenn ich nicht im Rheinland oder auf meiner Lieblingsinsel Spiekeroog weile, bin ich meist mit meinem Rucksack auf einem der stillen Pfade im Werra-Meißner-Kreis unterwegs. Dort kann ich die Schönheit der Natur in all ihren Farben genießen.

Der Werra-Meißner-Kreis, das sind sanfte Hügel, romantische Burgen und ein silbrig schimmernder Fluss (die Werra). Das sind bizarre Felsen, wilde Schluchten und ein mythenumwobener Berg, der alle anderen überragt (der Hohe Meißner). Dies und noch viel mehr findet man in einer Region, in dessen bezaubernder Landschaft so viele Sagen und Märchen entstanden. Auf dem Hohen Meißner, dem Hausberg von Frau Holle, lassen sich viele mystische Stätten erkunden. Neben Frau Holle haben auch Elfen, Wichtel, dunkle Gestalten und sogar Hasen und Frösche im Werra-Meißner-Kreis ihre Sagenorte gefunden. In der Region, die im Osten an Thüringen grenzt, lassen sich aber auch denkwürdige Plätze der deutsch-deutschen Vergangenheit, geologische Schätze, wunderschöne Fachwerkstädtchen, außergewöhnliche Museen und eine einzigartige Tier- und Pflanzenwelt entdecken.

Begeben Sie sich auf eine ganz besondere Reise und finden Sie 111 mythenumrankte, bezaubernde, romantische, geschichtsträchtige und nachdenklich stimmende Orte, an die Sie sich noch lange erinnern werden.

111 Orte

1 Der Kirch- und Bibelgarten

Ein wunderschöner Ruheort

Er ist einer der heimeligsten Plätze in den Ortschaften des Werratals: der Kirch- und Bibelgarten Sankt Crucis. In dem von den Wänden der Sankt-Crucis-Kirche und der alten Stadtmauer eingefassten Areal kann man außergewöhnliche Pflanzen bestaunen und eine schöne Aussicht auf die Werra genießen. Der leise dahinplätschernde Fluss, Vogelstimmen und summende Insekten sind die häufigsten Begleiter an diesem friedlichen, idyllischen Platz.

Der Kirch- und Bibelgarten wurde erschaffen als ein kleines Paradies, in dem Bibel-Interessierten die Pflanzen des Alten und Neuen Testaments und botanisch Interessierten die Bibel selbst nähergebracht wird. Von den circa 120 in der Bibel erwähnten Gewächsen wurden für die Bepflanzung jene ausgewählt, die auch im nordhessischen Klima problemlos gedeihen. Diverse Bitter- und Heilkräuter sind vertreten, aber auch Distel, Monatserdbeere, Salomonsiegel und Passionsblume. In der frostfreien Zeit ergänzen in Kübeln eingebrachte Gewächse wie Granatapfel und Feige die mit Namen und Bibelstelle gekennzeichneten Pflanzen. Ruhebänke, ein Schöpfungsobelisk und ein Quellstein gehören ebenfalls zum malerischen Terrain.

Der Kirchen- und Bibelgarten befindet sich auf dem Gelände eines einstigen Küstergartens und nicht mehr genutzten Kindergartens der Gemeinde. Der von Margrit und Gottfried Scheffer entworfene Gestaltungsplan wurde im November 2006 der Gemeinde vorgestellt, im darauffolgenden Frühjahr wurde mit den Baumaßnahmen begonnen. Dank des großen ehrenamtlichen Engagements der Beteiligten konnte der Garten bereits am 22. Juni 2008 feierlich eröffnet werden. Die Finanzierung des Projekts erfolgte durch Spenden von Vereinen, Firmen, der Sparkassen-Stiftung, des Lions-Club Bad Sooden-Allendorf und Privatleuten sowie durch Hilfe der Stadtverwaltung und Förderung des Umweltpfarramts der Landeskirche.

Adresse an der Sankt-Crucis-Kirche, Kirchplatz 3, 37242 Bad Sooden-Allendorf, www.kirch-bibelgarten.de | Anfahrt von Eschwege auf B 249, dann B 27 bis Bad Sooden-Allendorf (Ausfahrt), auf der Brücke rechts (nach Allendorf), wieder rechts (Wahlhauser Straße) und auf der Kirchstraße bis zur Kirche | Öffnungszeiten ganzjährig geöffnet, Eintritt frei | Tipp Am Gartenrand steht das Café Himmelspforte, in dem man bei Kaffee und Kuchen seinen Gedanken nachhängen kann. Berührend schön ist das gemeinschaftliche Singen im Bibelgarten.

2 Der Klausberg

Was von der Seidenraupenzucht verblieb

Zu den besonderen, eher selten besuchten Zielen im Werra-Meißner-Kreis gehören der Klausberg und sein gleichnamiger Turm. Auf dem um 1400 errichteten, zehn Meter hohen Landwehrturm kann man eine schöne Sicht auf Bad Sooden-Allendorf genießen. Zu dem steinernen Rundturm gehört auch eine kleine Grotte.

Rund um den »Allendorfer Hausberg« ranken sich viele Erinnerungen. Da ist zum einen die heute nicht mehr sichtbare, um 1820 errichtete »Lustanlage« – ein Freizeitpark mit einer Sommerwirtschaft, in dem zahllose Feste gefeiert wurden. Der Berg war aber auch Mittelpunkt einer einst berühmten, heutzutage weitgehend vergessenen Seidenraupenzucht. Heinrich Wilhelm Landgrebe, 1795 in Wendershausen geboren und später in Allendorf zu Hause, war nicht nur Lehrer und Kantor an der Allendorfer Stadtschule, sondern auch der bedeutendste deutsche Seidenzüchter des 19. Jahrhunderts. Vor allem zwischen 1835 und 1852 betrieb er auf dem Klausberg eine erfolgreiche Seidenraupenzucht, für die er eine terrassenförmige Maulbeerbaumplantage anlegte. Diese Bodenstruktur ist am Klausberg auch heute noch sichtbar.

Bei der Seidenraupenzucht wird in der Regel die Naturseide aus dem Kokon des Echten Seidenspinners (eines perlgrauen Schmetterlings) gewonnen, der sich ausschließlich von Maulbeerbaumblättern ernährt. Für ein Kilo Rohseide werden durchschnittlich elf Kilogramm Kokons benötigt.

Wer genau hinschaut, kann auch heute noch einige Maulbeerbäume auf dem Klausberg entdecken. Die in Europa vor allem im Mittelmeergebiet gedeihenden Bäume, deren Früchte an längliche Brombeeren erinnern, sind Nachfahren beziehungsweise Überbleibsel der berühmten Seidenraupenzucht. Die am Klausberg am häufigsten vorkommenden Bäume sind allerdings Linden, Eichen, Buchen, Robinien und Silberpappeln – einige von ihnen wurden um 1820 gepflanzt und sind damit ebenfalls Zeitzeugen der einstigen Zucht.

Adresse 37242 Bad Sooden-Allendorf, nahe Klausbergstraße, Zugang von Am Kirschenrain (Parkmöglichkeit) | **Anfahrt** von Eschwege auf B 249, dann B 27 bis Bad Sooden-Allendorf (Ausfahrt), auf der Brücke rechts (nach Allendorf), rechts (Wahlhauser Straße), weiter auf Kirchstraße, links (Steinstraße), rechts (Steintor), weiter auf Rothesteinstraße, links (Zimmersweg), rechts (Klausbergstraße), rechts (Am Kirschenrain), von dort zu Fuß auf Weg 2 zum Turm | **Tipp** Nahe dem unteren Ende der Klausbergstraße steht der Zimmersbrunnen, ein Kandidat für den Ort, an dem Wilhelm Müller das Gedicht »Der Lindenbaum« schrieb – jene Zeilen, die von Franz Schubert vertont und dadurch weltberühmt wurden (»Am Brunnen vor dem Tore«). Auch falls das Gedicht nicht hier verfasst wurde: Der Brunnen und die Linde sind sehenswert.

3 Der Märchen-Laternenweg

Wo sich Grimms Märchen besonders gut verstecken

Lautlos schreitet Ida Schröder über den Asphalt. Ihr langes, bauschiges Kleid verschluckt jedes Geräusch. Es ist Märchenführungszeit, und Ida Schröder ist Frau Holle. An einer unauffälligen Stelle gebietet sie der Gruppe, einzuhalten und nach oben zu schauen. Sie deutet in Richtung einer Laterne: »Wer kennt dieses Märchen?« Viele Menschen sind erstaunt, da sie nicht wissen, dass sich in der Laterne ein Scherenschnitt mit einem Märchenmotiv verbirgt.

Es war um das Jahr 2000, als Jürgen Klepsch, Karsten Schrot und Karin Rühling von der Arbeitsgemeinschaft »Märchenhaftes Bad Sooden-Allendorf« auf der Suche nach Neuerungen für die jährlich in Bad Sooden-Allendorf stattfindende Märchenwoche auf einem Mittelaltermarkt auch Laternen mit Scherenschnitten entdeckten. Sie kontaktierten den Künstler jener Schnitte, Albert Völkl aus Hofgeismar, und fragten an, ob er für Bad Sooden-Allendorf Märchenmotive für Laternen entwickeln könne. So entstand im Jahre 2003 rund um den Kurpark und die Fußgängerzone in Sooden der einen Kilometer lange, aus zwölf Laternen (und zwölf Märchen) bestehende Laternenweg. Alljährlich zur Märchenwoche, aber auch zu anderen Jahreszeiten führen die gebuchten märchenhaften Stadtrundgänge an den Laternen entlang, wobei die einzelnen Märchen kurz vorgestellt werden. Natürlich können kleine und große Besucher der Stadt ihre Kenntnisse über die Grimm-Märchen von Frau Holle, Dornröschen, Schneewittchen, den Sterntalern, Hans im Glück, Aschenputtel, Rumpelstilzchen, dem tapferen Schneiderlein, Brüderchen und Schwesterchen, dem Wolf und den sieben Geißlein, dem gestiefelten Kater und Hase und Igel auch außerhalb der Stadtrundgänge an den Laternen erproben.

Der selbst vielen Einheimischen unbekannte Märchen-Laternenweg in Bad Sooden-Allendorf ist mehr als eine märchenhafte Marketing-Strategie: Er regt die Menschen an, bewusster durch die Stadt zu gehen.

Adresse nahe Söder Tor, Rosenstraße 1 – 3, 37242 Bad Sooden-Allendorf | Anfahrt von Eschwege auf B 249, dann B 27 bis Bad Sooden-Allendorf (Ausfahrt), auf der Brücke links, wieder links (Hainbachwiesen), von dort zu Fuß zum Kurpark | Tipp Die Märchenwoche findet jedes Jahr von Ostersonntag an acht Tagen statt. Höhepunkt ist der Festumzug am Sonntag nach Ostern, an dem neben den grimmschen Märchenfiguren auch viele Symbolfiguren aus dem Werratal teilnehmen.

4 Die Oberste Kirche

Auf den Spuren der Dörfer im Hainbachtal

Ohne das Hinweisschild 50 Meter vor dem Ziel würde ein Fremder sie nicht entdecken: die Reste der Obersten Kirche am Ausgang des heimeligen Hainbachtals. Dort, im Ammicheroder Kessel, steht sie verborgen in einer hoch gelegenen Mulde zwischen den Bäumen. Bereits wenige Meter weiter ragen steile Kalkfelsen aus dem Wald empor.

Die mythenumrankte Ruine ist das Überbleibsel einer mittelalterlichen Siedlung, die als Ammicherode (Emmicherode) bekannt war. Vermutlich wurde sie zwischen 950 und 1100 gegründet und im Spätmittelalter (1380–1480) wieder aufgegeben.

Das heutige Aussehen des alten Steingemäuers ist aufwendigen Restaurierungsarbeiten zu verdanken. 1989 waren Teile der Außenmauern nur noch in einer Steinlage sichtbar, durch die Restaurierung (1990–91) wurde das Mauerwerk jedoch wieder erhöht. Der noch erhaltene Altarstein im Kircheninnenraum stand ursprünglich im Scheitel der halbrunden Apsis an der Mauer.

Bei einem Spaziergang zur Kirche entlang dem Hainbachtal streift man 900 Meter vor der Kirche das sogenannte Kregers Häuschen. Es wurde 1831 von Johann Kreger, einem Sälzer und Weinfuhrmann, als Jagdhaus errichtet. Für den Bau nutzte Kreger vermutlich auch Fundamentreste der Untersten Kirche, die zuvor am selben Ort gestanden hatte. Die Unterste Kirche gehörte zum Dorf Ruprechterode, das in etwa zur gleichen Zeit wie das höher gelegene Ammicherode existierte.

Zu den bekanntesten Sagen im Hainbachtal gehören die Erzählung vom »Madonnenbild« in der Obersten Kirche sowie Geschichten über spezielle Leichenzüge nahe der Untersten Kirche. Leichenzüge im Hainbachtal waren dem Volksmund nach früher durchaus real. Man nimmt an, dass im Hainkessel einst Salz von Sooden nach Thüringen und Schnaps von Thüringen nach Sooden geschmuggelt wurde. Durch vorgetäuschte Leichenzüge konnte man einer Kontrolle entgehen. In den Särgen sollen sich Schnapsflaschen befunden haben.

Adresse 37242 Bad Sooden-Allendorf, Hainbachtal, Zugang vom Fischerstübchen, Rothesteinstraße 52 (Parkplatz) | **Anfahrt** von Eschwege auf B 249, dann B 27 bis Bad Sooden-Allendorf (Ausfahrt), auf der Brücke rechts (nach Allendorf), rechts (Wahlhauser Straße), weiter auf Kirchstraße, links (Steinstraße), rechts (Steintor), weiter auf Rothesteinstraße, vom Fischerstübchen zu Fuß: dem Asphaltweg kurz folgen, dann links (Markierung X5H), am unteren Tor von Schloss Rothestein Weg 2 folgen | **Tipp** Im Fischerstübchen können Wanderer täglich einkehren. Zu den Spezialitäten des Lokals zählen selbst geräucherte Forellen.

5 Die Queen an der Werra

Die größte englisch-romantische Orgel

Als die neue Orgel in der Sankt-Crucis-Kirche am 3. Juni 2018 zum 800-jährigen Stadtjubiläum von Bad Sooden-Allendorf bei einem ökumenischen Gottesdienst eingeweiht wurde, war ihre Installation noch lange nicht abgeschlossen. Ihren prächtigen Klang konnte sie aber auch schon zu diesem Zeitpunkt entfalten – viele Besucher verließen die Kirche mit Tränen der Freude und Begeisterung.

Die 14 Meter breite und 7,5 Meter hohe Orgel in Sankt Crucis ist die größte Kirchenorgel der englischen Romantik auf dem europäischen Festland. Sie besitzt 3.547 Pfeifen mit einer Länge von zehn Millimetern bis sieben Metern, 61 Register und drei Manuale. In der Orgel finden sich sowohl neue als auch alte, restaurierte Anteile, die der Orgelbaumeister Oliver Schulte in mühevoller Kleinstarbeit zusammenfügte. Grundlage für die neue Orgel ist ein ursprünglich 1852 für die Holy Trinity Church, eine anglikanische Kirche im englischen Cambridge, erbautes Instrument mit 45 Registern. Die Orgel wurde in dieser Kirche nicht mehr gebraucht.

Die neue Orgel ist ein beeindruckendes Beispiel für das Zusammenwirken englischer Orgelbaukunst der Vergangenheit und deutscher Orgelbaukunst der Gegenwart. Ein besonderes Merkmal der neuen Orgel ist ihre offene Architektur, bei der auch die Kirchenfenster im Orgelrücken berücksichtigt wurden: Diese wurden von Schulte nicht zugebaut, sondern blieben als lichtspendende Elemente sichtbar.

Die Herkunft der Orgel, ihre erhabene Größe und das besondere optische Design brachten ihr zusammen mit ihrem Standort – die Sankt-Crucis-Kirche liegt nur wenige Meter von der Werra entfernt – den Namen »Queen an der Werra« ein.

Seit Installation der neuen Orgel haben bereits viele namhafte Organisten in der Sankt-Crucis-Kirche ein Konzert gegeben. Eine »Audienz bei der Queen« zu erhalten ist inzwischen auch für renommierte Organisten eine große Ehre.

Adresse Sankt-Crucis-Kirche, Kirchplatz 3, 37242 Bad Sooden-Allendorf | Anfahrt von Eschwege auf B 249, dann B 27 bis Bad Sooden-Allendorf (Ausfahrt), auf der Brücke rechts (nach Allendorf), wieder rechts (Wahlhauser Straße) und auf der Kirchstraße bis zur Kirche | Öffnungszeiten ganzjährig geöffnet | Tipp Neben dem Kirch- und Bibelgarten (siehe Ort 1) ist auch der alte Friedhof an der Kirche sehr sehenswert.

6 Das Salzmuseum

Bad Sooden und sein weißes Gold

Mehr als 1.000 Jahre lang bestimmten die Salzgewinnung und der Salzhandel die Geschichte von Bad Sooden. Bis zum Ende des 19. Jahrhunderts wurde in Siedehäusern aus Sole, die aus einem Vorkommen unter der Stadt gefördert wurde, Salz gewonnen. Erst 1906 musste das Salzwerk, die Saline, schließen.

Das 1979 eröffnete Salzmuseum erinnert an die Salzgeschichte der Stadt. Die Räumlichkeiten des Museums, das Söder Tor, wurden mit Bedacht gewählt: Dieses Tor, durch das die heute als Wanderwege genutzten alten Salzwege (Sälzerwege) führen, war einst der einzige Zugang zur Saline. Dort fanden damals Kontrollen statt, um den Salzschmuggel einzuschränken. Dieser war angesichts des einst hohen Wertes des Salzes ein großes Problem. Entsprechend war in dem markanten Torgebäude auch ein stets gut besuchtes Gefängnis untergebracht.

Beeindruckend ist, dass im Museum viele Geräte des Salzwerks im Original erhalten sind. Das liegt vor allem daran, dass sich die Stadtverwaltung bereits 1913, also kurz nach Schließung des Salzwerks, vornahm, später einmal ein Museum zu bestücken. Daher wurden die Originalgeräte des Werks aufbewahrt. Zu diesen Gegenständen gehört beispielsweise eine Salzwaage, auf der die Salzträger und Fuhrleute früher ihre Salzmengen abwiegen ließen. Ein Ausstellungsstück von großer Bedeutung ist eine Abschrift der 2.084 Seiten umfassenden Salzbibel, die im 16. Jahrhundert von Johannes Rhenanus verfasst wurde. Rhenanus, der ab 1555 in Allendorf in den Soden als Pfarrer und Salzgräfe arbeitete und 1589 auch dort verstarb, benötigte für die Verfassung des »New Saltzbuchs« knapp 20 Jahre. Das Original befindet sich in der Bibliothek des Bergamts in Clausthal-Zellerfeld, eine weitere Abschrift in der Bibliothek der Gesamthochschule Kassel. Das Exemplar im Salzmuseum ist damit das einzige, das in einer öffentlich zugänglichen Ausstellung besichtigt werden kann.

Adresse Söder Tor, Rosenstraße 1–3, 37242 Bad Sooden-Allendorf, www.salzmuseum.heimatkunde-bsa.de | Anfahrt von Eschwege auf B 249, dann B 27 bis Bad Sooden-Allendorf (Ausfahrt), auf der Brücke links, wieder links (Hainbachwiesen), von dort zu Fuß: am Kurpark vorbei, durch das Gradierwerk, dann rechts | Öffnungszeiten Sa, So, Feiertage 14–17 Uhr, April–Okt. zusätzlich Mi 14–17 Uhr | Tipp Zum Komplex des Salzmuseums gehören auch die frei zugänglichen, mit Infotafeln versehenen einstigen Außenanlagen des Salzwerks wie beispielsweise der Solebohrturm und das Gradierwerk (Freiluftinhalatorium).

7 Die verblichenen Fresken

... und die Pestopfer in der Hospitalkapelle

Zu den unvergleichlichen Erlebnissen im Werratal gehört ein Besuch der Allendorfer Hospitalkapelle. Bereits im Umfeld der Kirche spüren viele Besucher eine eigentümliche Energie, die, so sagt man, von den zahllosen Seelen der hier Verstorbenen stammen soll.

Die Hospitalkapelle Zum Heiligen Geist wurde 1350 für an Pest und Lepra Erkrankte erbaut. Gemäß den damaligen Hygienevorschriften wurde sie vor den Toren der Stadt und an einem heute noch existierenden Bach (Alter Hainsbach) errichtet. Das einst die Kirche umgebende hohe Mauerwerk gibt es hingegen längst nicht mehr.

Wer den Innenraum der kleinen Kirche betritt, fühlt sich nicht selten beobachtet. Tatsächlich sind in den aus dem 18. Jahrhundert stammenden Deckenbalken der Kirche einige Gesichter versteckt. Auffällig sind hingegen die verblichenen, in drei zeitlichen Epochen entstandenen Fresken, die den Besucher auf den seitlichen Wänden beäugen. Die Entschlüsselung ihrer Motive, die man bei einer spannenden Führung erleben kann, gleicht einem kriminalistischen Puzzle.

»Das Gleichnis der törichten Jungfrauen«, die älteste Freske in der Kapelle, befindet sich gegenüber der Eingangstür. Eine für Bad Sooden-Allendorf bedeutende Legende erzählt die Freske der heiligen Elisabeth über dem Eingang der Kirche. Dieser Sage nach half die zu Lebzeiten überaus fromme Landgräfin einem an Lepra Erkrankten auf der Wartburg in Eisenach. Sie hatte ihn mit ins Haus genommen und in ihrem Ehebett liegen lassen. Das erregte den Zorn der Schwiegermutter. Als man den Aussätzigen hinauswerfen wollte, lag neben dem Kranken ein wunderschönes Kruzifix, und der Geruch des Aussatzes hatte sich in Rosenduft verwandelt. Darüber vergoss Ludwig IV., der Gemahl der frommen Frau, viele Tränen und achtete seitdem die Taten seiner Liebsten. 1218 verlieh er Bad Sooden die Stadtrechte – dies ist keine Legende.

Adresse 37242 Bad Sooden-Allendorf, Wahlhauser Straße | **Anfahrt** von Eschwege auf B 249, dann B 27 bis Bad Sooden-Allendorf (Ausfahrt), auf der Brücke rechts (nach Allendorf), rechts (Wahlhauser Straße) und sofort wieder rechts (Parkplätze an der Kirche) | **Öffnungszeiten** Mi 16–17 Uhr, nur mit Führung (kostenlos), weitere Besichtigungen nach Absprache (Marianne Happel, Tel. 05652/919472, oder Tourist-Information, Tel. 05652/95870) | **Tipp** Folgt man der Wahlhauser Straße in Richtung Stadtmitte und biegt nach wenigen Metern ab in die Straße Hinter der Mauer, gelangt man zur Stadtwarte, einem der Türme der alten Stadtbefestigung.

8 Der Radlader von Heinz-Josef Große

Das Fluchtfahrzeug im Grenzmuseum Schifflersgrund

Er hatte es fast geschafft. Doch wenige Meter vor Erreichen des Westens verblutete Heinz-Josef Große an den gezielt auf seinen Rücken abgegebenen Schüssen. Am 29. März 1982 hatte der 34 Jahre alte Bauarbeiter an der deutsch-deutschen Grenze bei Bad Sooden-Allendorf versucht, mit Hilfe seines Radladers die Grenze zu passieren. Er hatte den grünen Lader an einer Stelle des Grenzzauns gestoppt, wo er den Ausleger seines Traktors über den mit Minen gesicherten Zaun legen konnte. Große kletterte auf den Ausleger und sprang über den Zaun. Die beiden hinzueilenden Grenzsoldaten erschossen Große, kurz bevor er die rettende Grenzlinie am Ende der steilen Böschung erreichte. Zollbeamte im Westen beobachteten den Fluchtversuch, konnten dem Schwerverletzten aber nicht helfen. Die zum Tatzeitpunkt 22 und 24 Jahre alten Todesschützen wurden 1996 vom Landgericht Mühlhausen zu einer 15-monatigen Bewährungsstrafe verurteilt.

Am 3. Oktober 1991 eröffnete am Orte des einstigen Fluchtversuchs das Grenzmuseum Schifflersgrund. Entlang der ehemaligen innerdeutschen Grenze gehört es zu den drei ältesten Museen dieser Art. Das Museum steht hauptsächlich auf thüringischem, aber auch auf hessischem Terrain. Großes Fluchtversuch ist im Museum dokumentiert, auch sein grüner Radlader ist zu sehen.

Im Grenzmuseum gibt es natürlich noch zahlreiche weitere denkwürdige Dinge aus der deutsch-deutschen Vergangenheit, vor allem in Bezug auf das einstige Grenzsicherungssystem der DDR, zu entdecken. Hierzu gehören ein elf Meter hoher, 1982 errichteter Beobachtungsturm, Streckmetallzäune, Grenzkontrollhäuschen, Schilder, eine Freifläche mit Militärfahrzeugen, zu denen auch Kampf- und Transporthubschrauber zählen, sowie Ausstellungsräume mit Originaldokumenten, Bildern und Karten.

Adresse Platz der Wiedervereinigung 1, 37318 Asbach-Sickenberg, Tel. 036087/98409, www.grenzmuseum.de | Anfahrt von Bad Sooden-Allendorf (Sickenberger Straße) auf K 59 zum Grenzmuseum | Öffnungszeiten ganzjährig täglich 10 – 17 Uhr | Tipp Ein wunderschöner Rundwanderweg ist der Premiumweg P16. Der stille, abgelegene Weg liegt in Thüringen nahe der hessischen Grenze und führt zu spektakulären Aussichten, einer Ruine und an alten Eibenbeständen vorbei.

9 Die Hilgershäuser Höhle

Wundersames am größten Höhlenraum Nordhessens

Ein mystischer und von zahlreichen Sagen umwobener Platz ist das Terrain rund um die auch als Hollstein oder Hohlestein bekannte Hilgershäuser Höhle, die sich im Wald unterhalb einer hoch aufschießenden Felswand verbirgt. Um die Sagenwelt rund um die Höhle kennenzulernen, ist der Zugang vom wenige Meter entfernten Forellenhof besonders lohnend. Von dort sieht man zwar jenseits des Feldes den Wald, aber nicht die Felswand und schon gar nicht die Höhle. Dies soll im Dreißigjährigen Krieg von großer Bedeutung gewesen sein, als sich der Überlieferung nach viele Dorfbewohner in der Höhle versteckten. Hat man den Zutritt zum Wald gefunden, erblickt man zunächst einen scheinbar friedlich daliegenden Tümpel, den Nixenteich. Hier soll eine Nixe treulose Mädchen in die Tiefe ziehen. Die Tiefe des Teiches gilt als unergründlich. Einer Überlieferung nach fand man nach einem ergebnislosen Messversuch eine auf dem Messlot mit Blut niedergeschriebene Drohung: Man werde das Dorf Hilgershausen untergehen lassen, wenn man den Teich nicht in Ruhe lasse.

Hinter dem Teich führt der Waldpfad bergan auf die imposante Felswand zu, deren äußere linke Flanke als Mädelsprung bekannt ist. Hier sprang der Legende nach einst ein Mädchen auf der Flucht vor einem Kroaten in die Tiefe. Das Mädchen überlebte, der abstürzende Kroate nicht. Der Höhleneingang liegt hinter den bergab führenden Stufen und ist mit einem Tor gesichert.

Der Hohlestein ist der größte Höhlenraum Nordhessens und zugleich ein bedeutender Zufluchtsort für Fledermäuse. Er gilt als alter Kult- und Opferplatz, auch Menschenknochen wurden hier gefunden. Um den in der Höhle liegenden Teich rankt sich ebenfalls eine Sage: Einst schöpften dort die Mädchen zu Ostern Wasser, was ihnen ewige Schönheit bescheren sollte. Vorausgesetzt, sie tranken das Wasser daheim und gingen mit ihrem Wasserkrug schweigend nach Hause.

Adresse 37242 Bad Sooden-Allendorf-Hilgershausen nahe Kammerbach, Zugang zum Beispiel vom Forellenhof, Im Forellental 2 | Anfahrt von Bad Sooden-Allendorf (An den Soleteichen) auf L 3239 nach Kammerbach, hinter Kammerbach nach scharfer Rechtskehre und Linkskurve rechts abbiegen auf Im Forellental, Parkplätze links, von dort zu Fuß: Wiesenstreifen zwischen den Äckern überqueren und in den Wald (Fußweg) | Tipp Die L 3239 passiert auf der Anhöhe vor Kammerbach die uralte Predigerlinde. Hier wurden im Werra-Meißner-Kreis früher die nach Amerika ziehenden Auswanderer verabschiedet.

10 Keller ohne Häuser

… eine alte Kapelle und das Erbbegräbnis im Wald

Die Kuriosa von Kleinvach liegen auf einer Talterrasse oberhalb des hübschen Dorfs. Dort wurden sie an mehreren Orten in Gruppen akkurat nebeneinander in den Wiesenrain gegraben: circa 30 zwischen 1870 und 1928 errichtete Kellerräume. In den Häusern im Dorf gab es früher keine oder nur sehr kleine Keller. Die höher liegenden Kellerorte wählte man wegen der häufigen Überschwemmungen – das Dorf liegt direkt an der Werra. 1871, 1890 und 1891 gab es besonders brenzlige Fluten: Im Januar 1891 staute sich sogar das Eis auf der Werra, sodass (fast) die gesamten Wassermassen des Flusses durch das Dorf strömten.

Wer die Vorratskeller erkunden und auch noch andere besondere Dinge bei Kleinvach entdecken mag, wählt am besten Weg 17. Man startet am Gasthaus »Zur Linde« und folgt dem Hinweisschild »Weg 17 – Rundweg Andreaskapelle Länge 5,2 km«. Entlang dem Eschweger Weg streift man einen Walnussbaum mit Sitzbänken und Tisch. Dort lassen sich beim Abstecher nach rechts drei, beim Abstecher nach links (dem Eschweger Weg weiter folgen) sogar elf Keller entdecken. Weg 17 zieht indes weiter geradeaus, schwenkt nach rechts und führt zum Dorffriedhof und zur wunderschönen Andreaskapelle. Die alte Kapelle gehörte einst zu Wettingen (Wettichendorf), einer im Dreißigjährigen Krieg völlig zerstörten Siedlung, und wurde bis in das 16. Jahrhundert von Menschen aus Wettichendorf und dem östlich gelegenen Albungen als Gotteshaus genutzt.

Wenige Meter hinter der Kapelle streift Weg 17 einen mystischen Waldfriedhof: Am Fuße eines Felsens liegen uralte Grabplatten, auf dem Felsen prangt ein riesiges Kreuz. Dieses weiße Steinkreuz am Rande des Witzgensteins gehört zum Erbbegräbnis der von Hombergk zu Vach. Lehnsherr Tobias von Hombergk errichtete um 1600 in Kleinvach einen Gutshof und die St.-Michaelis-Kirche, die damals verfallene Andreaskapelle baute er wieder auf.

Adresse 37242 Bad Sooden-Allendorf-Kleinvach, oberhalb vom östlichen Ortsausgang | **Anfahrt** von Eschwege auf B 249, dann B 27, Abfahrt Kleinvach, der Straße In den Weiden folgen bis Eschweger Weg (Parkmöglichkeiten) | **Tipp** Weg 17 lässt sich mehrfach abkürzen, er stößt beispielsweise hinter dem Erbbegräbnis auf eine Weggabelung, an der der bergab führende Weg rasch nach Kleinvach zurückgeht (Hinweisschild). Nahe dieser Gabelung gedeihen bergan Apfelbäume mit köstlich schmeckenden Früchten. Wer größeren Appetit hat, kann im Gasthaus »Zur Linde« zu moderaten Preisen wunderbar speisen.

11 Die Werrabrücke

Weihnachtslieder am Todesstreifen

Wer sich in Oberrieden auf den Weg nach Lindewerra begibt, betritt nach Unterquerung der alten Eisenbahnbrücke eine wie verzaubert daliegende Welt: ein Asphaltsträßchen inmitten von Feldern, umsäumt von einem anmutigen Höhenzug. Links der Straße plätschert leise die Werra dahin. Irgendwann wendet sich die Straße nach rechts, und man erblickt jenseits des Flusses Lindewerra. Um den thüringischer Weiler zu erreichen, muss man die aus alten Sandstein-Brückenköpfen und einem modernen Stahlüberbau bestehende Werrabrücke passieren. In der Flussmitte verläuft die Grenze zwischen Thüringen und Hessen.

Zu Zeiten der DDR gab es nur die Brückenköpfe. Die Brücke hatten die Nationalsozialisten am 8. April 1945 gesprengt – auf ihrem Rückzug aus dem Krieg, um dem Feind die Verbindungswege abzuschneiden. Wo sich heute Lindewerras Wiesen an die Werra schmiegen, lag zu DDR-Zeiten der Todesstreifen mit den Grenzanlagen. Menschen aus dem Westen konnten bis zum historischen Brückenkopf auf hessischer Seite gelangen – jeder Meter weiter bedeutete Lebensgefahr. Es gab damals kaum einen Ort, an dem man von der Ostgrenze der Bundesrepublik näher an ein bewohntes DDR-Dorf herankam. Der Anblick Lindewerras hinter Streckmetall, Stacheldraht und Wachanlagen wurde als sehr beängstigend beschrieben. Berührende Szenen an der einst deutsch-deutschen Grenze gab es aber auch: So versammelten sich die Menschen aus Oberrieden zu Weihnachten an der Werra, um den Menschen auf der anderen Seite der Grenze Lieder zu singen. Diese strömten in Scharen aus ihren Häusern, um den Gesängen zu lauschen – die Grenzposten tolerierten es.

Mit dem Bau der heutigen Brücke wurde im September 1998 begonnen, am 17. Juli 1999 wurde sie für den Verkehr freigegeben. Die vor der Sprengung existierende Bogenbrücke wurde 1900/01 gebaut, nachdem immer wieder Hochwasser die Durchquerung der natürlichen Furt unterbanden.

Adresse 37242 Bad Sooden-Allendorf-Oberrieden, Landstraße nach Lindewerra | Anfahrt Von Bad-Sooden-Allendorf auf B 27 Richtung Witzenhausen, links abbiegen nach Oberrieden (Witzenhäuser Straße), dort parken und weiter zu Fuß (Lohstraße ortsauswärts). Wer den Fußweg scheut, kann auch mit dem Auto nach Lindewerra fahren. | Tipp In Lindewerra lohnt eine Besichtigung des wunderschönen Dorfs, eine Einkehr in den gemütlichen Gasthäusern oder ein Besuch des Stockmachermuseums (Straße Zur Einheit 2). Unvergesslich ist auch die spektakuläre Wanderung zur Burg Hanstein über die Teufelskanzel.

12__Joggeli-Brunnen und Meißnerblick

Die Lieblingsorte der Poeten

Auf einer Hochebene am Rande des Söder Walds liegt Orferode, ein hübsches, schon mehrfach mit Preisen bedachtes Dorf (zum Beispiel im Wettbewerb »Unser Dorf«). Seine Besucher können sich an den stolzen Fachwerkhäusern der einstigen Weinhandelsfamilie Kreger und an einem uralten Eichbaum, der Friedenseiche, erfreuen. Zu den Wahrzeichen der Siedlung gehört aber auch der Dohlsbrunnen am Rande des Dorfs. Die Karstquelle in einem übermauerten Becken ist der Geburtsort des Dohlsbachs und ein besonderer literarischer Platz. Unter der alten Linde des Brunnens soll oft der Pastor und Heimatdichter Wilhelm Speck gesessen haben. In der 1907 entstandenen Erzählung »Der Joggeli« erzählt Speck die Geschichte vom Bäuerlein zu Dutenbach (damit ist Orferode gemeint), das in Bescheidenheit auf ein vermeintlich besseres Leben in Amerika verzichtet und im Alter bei den Bewohnern des Dorfs als Geschichtenerzähler beliebt ist. Zur Erinnerung an den Dichter wurde der einstige Lindenbaum am Dohlsbrunnen als »Joggeli-Linde« und der Brunnen als »Joggeli-Brunnen« bezeichnet. Die alte Linde wurde jedoch inzwischen gefällt und durch eine andere ersetzt.

Ein von Poeten ebenfalls gern besuchter Platz und einer der schönsten Ruhe- und Kraftorte im Werratal ist der Meißnerblick wenige Meter oberhalb des Dorfs: Unter dem Laubwerk prächtiger Linden, die einen anmutigen Baumkreis bilden, findet man rasch zu sich selbst und kann eine herrliche Aussicht auf den sich hinter bunten Wiesen und Feldern majestätisch erhebenden Hohen Meißner genießen. An Sommerabenden umschwirren Fledermäuse die Besucher. Des Nachts sollte man den Ort jedoch vorsichtshalber meiden: Ein am Meißnerblick gelegentlich aufkreuzendes graues Männchen soll der Überlieferung nach eher unschöne Absichten hegen.

Adresse 37242 Bad Sooden-Allendorf-Orferode | **Anfahrt** Von Bad-Sooden-Allendorf in Richtung Kammerbach, vor dem Ort links nach Orferode. Joggeli-Brunnen: im Dorf links auf Dohlsbachweg. Der Brunnen liegt rechter Hand. Meißnerblick: im Dorf links über Martinstraße bis zur Straße Vor den Wetten, dort links (Parkmöglichkeiten), von dort die letzten 300 Meter zu Fuß. | **Tipp** Beide Plätze sind Ausgangspunkte für den Premiumweg P7, einen Rundweg, der auch viele andere besondere Plätze im Söder Wald, wie den Rabenstein, den Otterbachstein und das Brautbett, streift.

13 Die Hielöcher

Entdeckungen in einer mystischen Karstlandschaft

Ein besonderes Kleinod im Werratal ist die Karstlandschaft bei Frankershausen mit ihren bizarren Felsen und weiten Magerrasenflächen, auf denen Wacholderbüsche, Wildkräuter und außergewöhnliche Blumen gedeihen. Ein charakteristischer Teil dieser Landschaft sind die Hielöcher (»hie« steht für »Höhle«), zu denen auch die zwischen den Felsen liegenden Dolinen (Erdfälle) gehören. Sie entstanden durch die Auswaschung von Gips und anderen Gesteinen.

Einen unvergesslichen Eindruck vom Karstgebiet erhält man entlang dem Rundweg 2 (»2«) und einem Teilabschnitt des Premiumwegs P2. Bereits nach wenigen Gehminuten zieht »2« vom Sportplatz in Frankershausen in die Hielöcher und führt bergan und bergab zu den schönsten Erdfällen zwischen Felsen aus hellem Zechsteinkalk und dunklerem Dolomit. Im Frühling erfreuen verschiedene Orchideenarten, im Herbst Enziane und Golddisteln den Besucher. Auffällig sind auch die zahlreichen Vögel im Gebiet. Am häufigsten ist die Wacholderdrossel, die sich von den reifen (dunklen) beerenförmigen Zapfen der weiblichen Wacholderbüsche ernährt. Da der Vogel den Samen des Wacholders unversehrt ausscheidet, sorgt er für eine effektive Verbreitung des Zypressengewächses.

Orientiert man sich am Wegverlauf von P2, erblickt man nach Verlassen der Hielöcher alsbald zwei alte Mühlen (Blaue und Obersdorfer Mühle) und eine malerische Karstquelle (Breitenborn). Im teichförmigen Quelltopf steigt die Luft wie an Perlschnüren aufgereiht zur Oberfläche des kristallklaren Wassers hinauf. Hinter der Quelle führt P2 zum sagenumwobenen Ellerstein und schließlich zum Felsen Großer Marstein (320 Meter), an dem man die Stille der Landschaft und eine wunderschöne Rundumsicht genießen kann. Kurz darauf passiert P2 den etwas abseits des Weges liegenden Kleinen Marstein, bevor »2« zur Schutzhütte am Wenkeberg und zum Sportplatz zurückführt.

Adresse nahe Wolfteroder Straße 4a, 37297 Berkatal-Frankershausen, Zugang vom Wanderparkplatz Kripp- und Hielöcher (Am Sportplatz). Der beschriebene Rundweg ist 5,5 Kilometer lang (Rundweg 2: 3 Kilometer). | **Anfahrt** von Bad Sooden-Allendorf auf L 3239 Richtung Kammerbach, links (L 3422) über Orferode nach Frankershausen, dort rechts (Berkastraße) und wieder links (Wolfteroder Straße) | **Tipp** Aufregend ist ein Besuch der nahe liegenden Kripplöcher (»kripp« steht für Vertiefung), die wegen Einsturzgefahr nur im Beisein eines fachkundigen Führers besucht werden dürfen: Dort stürzten am 1. Juli 1958 zwei Kühe samt ihrem Gespann in eine 31 Meter tiefe Doline (»Kuhloch«).

14 Die Kasseler Kuppe

... auf dem Hohen Meißner – Nordhessens höchste Höhe?

Nein, die Kasseler Kuppe ist nicht die höchste Erhebung im hessischen Norden. (Auch wenn dies in einigen Büchern so steht.) Der zu einem Ausläufer des Rothaargebirges gehörende Langenberg im Upland ist 843 Meter hoch und damit etwa 100 Meter höher als die Kasseler Kuppe, die mit 753,6 Metern die höchste Stelle auf dem Hohen Meißner markiert. Etwas weniger hohe Meißner-»Gipfel« sind der Kasseler Stein (748 m über NN) und die Kalbe (720 Meter über NN, siehe Ort 58). Wer gern in Superlativen denkt, darf sich aber dennoch freuen, da der Hohe Meißner der höchste Berg – und die Kasseler Kuppe die höchste Erhebung – in Nord*ost*hessen ist.

Wer beim Besuch der Kasseler Kuppe einem Gipfelsturm entgegenfiebert, wird auf dem letzten Teil der Tour enttäuscht sein. Die weglose »Spitze« der Kuppe liegt am Nordrand des bis zu vier Kilometer langen und zwei Kilometer breiten Meißner-Hochplateaus (gemessen von der 700-Meter-Linie aufwärts). Man hat von dort keine gute Sicht, da der Wald keine Aussicht zulässt. Der von Gräsern und Nadelwald flankierte und von zahllosen Schmetterlingen besuchte Weg zur Kuppe führt einige Zeit in breiter Spur ohne nennenswerte Steigung über das Hochplateau und hat eher meditativen Charakter – von manchen Banausen wird er sogar als langweilig beschrieben.

500 Meter südwestlich vom höchsten Punkt der Kasseler Kuppe kann man an einer Waldwegkreuzung den Gerlingsstein, einen trigonometrischen Vermessungspunkt, entdecken. Wenige Meter daneben steht die Kasseler Hütte, eine aus Holz mit Ziegeldach errichtete Schutzhütte.

Das beeindruckende Bergmassiv des Hohen Meißners wurde erstmals 1195 urkundlich als Wissener (abgeleitet von Weißer Berg oder Wiesenberg) erwähnt. Seine Umbenennung erfuhr der Berg durch die deutsche Jugendbewegung. Seitdem der Erste Freideutsche Jugendtag 1913 auf ihm stattfand, ist der Meißner als Hoher Meißner überregional bekannt.

Adresse westlich von 37297 Berkatal-Frankershausen, Zugang zum Beispiel vom Wanderparkplatz an der Kaiserstraße, 37235 Hessisch-Lichtenau-Hausen (schöner Wanderweg über die Kitzkammer) | Anfahrt von Eschwege auf B 249 Richtung Niederhone, weiter auf L 3241 Richtung Meißner, in Vockerode L 3241 folgen (rechts) und weiter bis nach Hausen (Parkplatz), von dort zu Fuß: Forstweg bergan (Markierung 11), links auf Premiumweg P1, diesem Weg immer weiter folgen, wenn P1 auf dem Plateau abbiegt, weiter geradeaus | Tipp Wer Zeit und Kondition hat, sollte den gesamten Premiumweg (13 Kilometer) gehen. Er führt an vielen besonderen Orten auf dem Hohen Meißner vorbei.

15 Der »Brot-Adel«-Laden

Köstliche Backwaren vom Vortag – und vieles mehr

Strahlend steht Annette Lieberknecht-Wolf hinter der Auslage ihres Ladens in der Eschweger Fußgängerzone. Der Duft von Kaffee und Backwaren durchströmt den gemütlich eingerichteten Raum. Ein Kunde kommt herein. Er stutzt, als er das vollständige Logo des Ladens erblickt. Dann lächelt er.

Noch vor wenigen Jahren arbeitete die gelernte Einzelhandelskauffrau als Verkaufsleiterin in der Bäckerei Wolf – das ist eine traditionelle, seit 1899 bestehende Bäckerei mit etwa zehn Filialen in und rund um Eschwege. Es stimmte sie nachdenklich, dass jeden Tag zahlreiche Backwaren aus den Filialen zurückkamen – hochwertige Produkte, die nicht mehr verkauft werden durften. Schließlich reifte in ihr eine Geschäftsidee mit einem einfachen, nachhaltigen Konzept: Sie beschloss, Brot, Brötchen, Gebäck und Kuchen dieser Filialen vom Vortag zu einem stark vergünstigten Preis zu verkaufen. Im Februar 2016 wechselte Annette Lieberknecht-Wolf in die Selbstständigkeit und eröffnete ihr eigenes Geschäft »Brot-Adel – gestatten von gestern«. Ihr erster Laden lag noch etwas außerhalb der Innenstadt, im August 2018 bezog sie das heutige Geschäft an der Stad.

Der Verkauf der Produkte benötigt eine gewisse Vorlaufzeit: Die Retouren aus den Filialen werden morgens zum Brot-Adel gebracht, wo sie eine Qualitätskontrolle durchlaufen. Brote werden ausgewogen und zu einem günstigen Kilopreis verkauft, Teilchen und Kuchen werden zu günstigen Stückpreisen abgegeben.

Wer im Brot-Adel einkaufen geht, kann sich eines wechselnden Sortiments erfreuen. Schließlich ist nicht klar, welche Produkte am Vortag in den Bäckereien verbleiben. Neben Backwaren verkauft Frau Lieberknecht-Wolf auch Zirbenholz-Produkte aus Tirol, Köstlichkeiten von Leysieffer und sogar Softeis. Einen köstlichen Kaffee kann man im Brot-Adel ebenfalls genießen. Er kommt von Seeberger aus Ulm, einer der ältesten Röstereien Deutschlands.

Adresse Stad 3, 37269 Eschwege, Tel. 0173/2612546, www.brot-adel.de | **Anfahrt** Parkmöglichkeiten in der Innenstadt, zum Beispiel am Werraufer (Unter dem Berge) | **Öffnungszeiten** Di–Fr 8–14 Uhr, Sa 8–12 Uhr | **Tipp** Es lohnt sich, in Ruhe entlang dem Stad zu flanieren. An einigen Häuserfassaden lassen sich besondere Verzierungen entdecken (zum Beispiel bei Stad 19 und Stad 44).

16 Der Dünzebacher Torturm

Das Ex-Gefängnis und der Mörder im Eichenkäfig

Ein unvergesslicher Blickfang in Eschwege ist der Torturm des einst doppeltürmigen Dünzebacher Tores. Das markante, heute frei stehende Gebäude mit den kleinen Turmspitzen am östlichen Ende der Neustadt ist der einzige noch erhaltene Turm der früheren Stadtbefestigung. Er wurde 1531 erbaut, nach seiner Zerstörung 1637 durch einen Blitzschlag im Jahr 1690 erneuert und mit einem Anbau lange Zeit (bis 1836) als städtisches Gefängnis genutzt.

Zu den Insassen des Gefängnisses gehörte auch Hans Ilke, ein Ausbruchskünstler, Räuber und Mörder von zweifelhaftem Ruhm. Für seine sichere Unterbringung fertigte man einen ausbruchssicheren Eichenkäfig, den Ilkenkasten, an und sperrte ihn darin im zweiten Geschoss des Turmes ein. In der Eschweger Amtsrechnung von 1768 sind die Kosten für den Kasten aufgeführt: »5 Taler 16 Albus an den Zimmermeister Johannes Krug alhier vor Verfertigung eines großen Kastens von starken eichenen Bohlen, worinnen des Delinquentes Ilcke verwahret wird, weil dieser ein berüchtigter Ertzgaudieb ist, der mit keinen Schlössern und Eißen sicher verwahret werden kann.«

Neben zahlreichen Räubern und Schwerverbrechern wurden aber auch einige Unschuldige im Dünzebacher Torturm eingesperrt – unter ihnen eine der beiden einst der Hexerei bezichtigten Frauen, die im Oktober 1657 in Eschwege hingerichtet wurden (siehe Ort 23). Sie musste ihre letzten Lebenstage im Torturm verbringen.

Natürlich ranken sich um den Dünzebacher Torturm auch einige Sagen. So soll zum Beispiel ein Pestausbruch in Eschwege während des Dreißigjährigen Krieges auf einer schauerlichen Begegnung am Torturm beruhen: Der Wärter des Tores konnte des Nachts den Zutritt einer bleichen, alten, dürren Frau in die Stadt nicht unterbinden, weil seine Glieder plötzlich schwer wie Blei waren. Die fremde Frau war niemand anderes als die Pest selbst.

Adresse Zeckelsgraben, 37269 Eschwege (an der Kreuzung Brühl, Neustadt, Mauerstraße) | **Anfahrt** Parkmöglichkeiten in der Innenstadt, zum Beispiel an der Straße Neustadt | **Tipp** Auf dem Neustädter Kirchplatz steht der Blaue Stein, ein Basaltbrocken, an dem einst ein Ritual der Eschweger Rechtsprechung ausgeübt wurde: Bevor ein Urteil vollstreckt wurde, musste der Delinquent dreimal gegen den Blauen Stein gestoßen werden. Erst danach war das Urteil rechtsgültig und konnte vollstreckt werden.

17 Der Frau-Holle-Brunnen

Im einstigen Schloss lebt nicht nur der Dietemann

Bevor Eschwege 1891 eine Wasserleitung bekam, besaß die Stadt viele private und öffentliche Brunnen. Von diesen Brunnen ist jedoch heute nichts mehr zu sehen. Einer der ältesten Brunnen der Neuzeit und der vielleicht schönste Brunnen der Stadt ist der 1930 gefertigte Frau-Holle-Brunnen auf dem Hof des ehemaligen Landgrafenschlosses. An den Außenseiten des Brunnens, der im Sommer reich mit Blumen geschmückt ist, sind Schlüsselszenen des Frau-Holle-Märchens der Gebrüder Grimm als Reliefs dargestellt. Sie wurden von Professor Hans Sautter, einem 1961 verstorbenen Bildhauer und Hochschullehrer an der damaligen Staatlichen Kunstgewerbeschule Kassel (heute Kunsthochschule), entworfen und von Christian Sauerland, einem Bildhauer aus Warburg, in Muschelkalk geformt.

Rund um das dreiflügelige Anwesen im Renaissancestil des 16. und 17. Jahrhunderts herrscht heute eine rege Betriebsamkeit. Seit 1821 dient das Landgrafenschloss als Sitz der Kreisverwaltung. Zur Anlage gehört auch der um 1616 erbaute Dietemann-Pavillon südöstlich des Komplexes: Er besitzt zwei niedrigere Unter- und zwei höhere Obergeschosse sowie ein Dach mit einem Fachwerkaufbau aus dem Jahr 1650, in dem das Uhrwerk mit dem Dietemann untergebracht ist. Der mit Laterne, Horn und Hellebarde (Waffe) ausgestattete Turmwächter ist eine Kunst- und wichtigste Symbolfigur der Stadt Eschwege – ihr verdanken die Eschweger ihren Spitznamen Dietemänner. Der Name erinnert an das Rittergeschlecht der Diede zum Fürstenstein, die an der Burg Fürstenstein die Salzstraße zwischen Bad Sooden-Allendorf und Eschwege bewachten. Tagsüber bläst der Dietemann zu jeder vollen Stunde bei seinem Rundgang um die Turmspitze, von der er die Stadt bewacht. Am 2. Juli 1927 wurde die Figur eingeweiht. Jährlich zum traditionellen Johannisfest (am ersten Juli-Wochenende) steigt der Dietemann vom Turm, um den Festzug durch die Stadt anzuführen.

Adresse Schlossplatz 1, 37269 Eschwege, Parkmöglichkeiten in der Innenstadt, zum Beispiel an der Werra (Unter dem Berge), von dort wenige Meter zu Fuß | Öffnungszeiten Der Hof des einstigen Schlosses ist ganzjährig frei zugänglich. | Tipp Etwas unterhalb des alten Schlosses lässt sich in einem italienischen Restaurant vorzüglich speisen (Pizzeria La Grotta, Schildgasse 3).

18 Die Fürstengruft

Das kulturelle Kleinod in der Marktkirche

Unter dem Chorraum der Marktkirche St. Dionys befindet sich ein einzigartiges Zeugnis der Bestattungskultur evangelischer Fürstenhäuser: die Fürstengruft. 1626 ließ der Landgraf Moritz der Gelehrte von Hessen-Kassel diesen Grabraum errichten. Kurz nach Fertigstellung wurde dort zunächst Agnes Magdalena, Fürstin von Anhalt und Schwiegertochter des Landgrafen, beerdigt. Das Satteldach ihres Zinnsargs (links in der Gruft) trägt kunstvolle Ziselierungen. Jahrzehnte später fanden weitere Familienangehörige des Landgrafen in der Gruft ihre letzte Ruhe: zunächst zwei seiner Enkelkinder, die 1651 an der »Kindeskrankheit« gestorbene einjährige Elisabeth und der 1655 an »Brustschwachheit« gestorbene achtmonatige Prinz Friedrich (Mitte der Gruft), und schließlich deren Vater und jüngster Sohn von Landgraf Moritz, der Landgraf Friedrich von Hessen-Eschwege (rechts in der Gruft). Auch die Ehefrau von Friedrich und ihre gemeinsame Tochter wurden in der Gruft bestattet, ihre einfachen Holzsärge verfielen jedoch.

Dass die Gruft so gut erhalten ist, verdankt sie moderner Restaurationskunst und der Tatsache, dass sie in den ersten 250 Jahren ihres Bestehens, zu Zeiten von Plünderungen und anderen wechselvollen Ereignissen, in Vergessenheit geraten war: Erst 1888 wurde sie bei Umbauarbeiten wiederentdeckt. Seit den 1960er Jahren ist die Gruft jährlich zum Johannisfest geöffnet. 2007 musste sie allerdings wegen Pilzsporen in der Luft und Zerfallsprozessen an den Särgen geschlossen werden. Die Wiedereröffnung erfolgte 2011: In der Zwischenzeit war das Gewölbe neu verfugt, der Lehmboden durch einen Sandsteinboden ersetzt, die Überreste der Toten in neue Särge gebettet, eine moderne Entlüftung installiert und der alte Zugang durch eine Sandsteintreppe mit ausgeklügeltem Schließmechanismus ersetzt worden. Bis 2007 stiegen Besucher über eine schmale Luke mit einer Holzleiter in die Gruft hinab. Die geführte Besichtigung der Fürstengruft ist ein unvergessliches Erlebnis.

Adresse Marktkirche St. Dionys, Marktplatz, 37269 Eschwege, Parkmöglichkeiten am Marktplatz | Öffnungszeiten Marktkirche: ganzjährig 10–17 Uhr; Fürstengruft (nur geführt): jährlich freitags zum Johannisfest (19–21.30 Uhr) und auf Anfrage (Frau Sieglinde Repp-Jost, pfarramt1.eschwege-stadtkirche@ekkw.de, oder Touristen-Information) | Tipp Pfarrerin Sieglinde Repp-Jost war dabei, als die Särge der Toten erstmals geöffnet und im Grab von Agnes Magdalena Schmuckstücke und sogar Reste eines Kräutersträußchens gefunden wurden. Ihre Begeisterung für die Fürstengruft ist mitreißend!

19 Das Gartenkabinett

Gartengeräte aus über 100 Jahren Gartenkultur

Stolz präsentiert Kornelia Müller den Besuchern die uralte Stange mit der scheibenförmigen Verdickung am Ende. Seit über 20 Jahren sammelt sie zusammen mit ihrem Mann Hubert historische Gartengerätschaften, die meisten wurden Ende des 19. bis Mitte des 20. Jahrhunderts in Deutschland, Frankreich, Großbritannien und Österreich hergestellt. Der um 1720 entstandene »Mistelabstecher« ist somit deutlich älter und vermutlich sogar das älteste Exponat ihrer Sammlung. 2017 richtete das Ehepaar neben einem Lager für aktuelle Gartengeräte und Gartenzubehör eine Ausstellung für ihre gesammelten Gartengerätschaften ein. Mit ihren Exponaten dokumentieren sie auf nur 60 Quadratmetern alle Zeiten des Gartenjahrs – von der Aussaat bis zur Ernte.

Wer das Gartenkabinett aufsucht, wird meist nicht auf eigene Faust die liebevoll eingerichteten Räumlichkeiten erkunden, sondern die Exponate und ihre Geschichten geführt erleben. Kornelia Müller weiß zu allen Exponaten Faszinierendes zu berichten. Auf Nachfragen zu den Ausstellungsstücken antwortet sie gern und mit großer Sachkenntnis. Man spürt, dass ihr das Museum mit jedem seiner Exponate am Herzen liegt. Auf Beschriftungen zu den Ausstellungsstücken wurde im Museum bewusst verzichtet.

Bei einem Ausflug in die Vergangenheit der Gartenkultur bekommt man im Gartenkabinett der Eheleute Müller neben historischen Gerätschaften antiquarische, in antiken Apothekenschränken stehende Gartenbuchschätze, alte Bilder(-rahmen) mit Gartenmotiven, aufwendig gefertigte Tischdekorationen, Pflanzenrollentaschen, Hyazinthengläser, Tontöpfe, Vogelkäfige (!), blumige Briefmarken und sogar alte Spielkarten mit Heilkräutermotiven gezeigt. Aus einem Raum, der von oben bis unten mit Körben gefüllt ist, zaubert Frau Müller gegen Ende der Führung auch gern die Zistel hervor – einen traditionellen trichterförmigen Erntekorb für Marillen aus der Wachau.

Adresse Gartenkabinett und Gartenremise, Eschenweg 3, 37269 Eschwege, Tel. 0171/3124291, 05653/5066, www.gartenremise.de | Anfahrt von Eschwege-Zentrum auf die Brückenstraße, hinter der zweiten Werrabrücke links (Eschenweg) | Öffnungszeiten individuell nach telefonischer Vereinbarung | Tipp Beeindruckend ist ein Stadtbummel durch das wenige Meter entfernte »Brückenhausen«. Die Insel innerhalb Eschweges ist das älteste Eschweger Industrieviertel und besitzt viele denkmalgeschützte Fachwerkhäuser.

20 Die Gedenkinstallation

Ein Namensfries für die Opfer der Euthanasie

Es ist ein eindringlicher, trauriger Gedenkort. Aber auch einer, der Hoffnung stiftet. An der Fassade am Stadthaus Brühl 6, zu der ebenso das Café Brise gehört, sind die Namensplättchen von 42 Menschen aus dem Werra-Meißner-Kreis angebracht, die in der Zeit des Nationalsozialismus aufgrund einer Behinderung deportiert, kaserniert und ermordet wurden. Die vergoldeten Namenszüge bilden einen Fries, der von dem Kasseler Künstler Lutz Kirchner entworfen wurde und der aus den Namen der Opfer neue Worte formt. Dazu wurden einzelne Buchstaben aus dem Glaskonstrukt herausgelöst, die die Wörter »Liebenswert« und »Lebenswert« ergeben. Beide Wörter wurden an den Stufen der Eingangstreppe zum Café angebracht.

Mit der Installation sollen Euthanasie-Opfern der NS-Zeit ihr Name und ihre Würde zurückgegeben werden. Der Platz wird von den Angehörigen auch als Gedenkort geschätzt. Man nimmt an, dass im damaligen Deutschen Reich 300.000 psychisch Erkrankte ermordet wurden. Die unbegreifliche Mordserie der Euthanasie wurde von Hitler persönlich in einer Anordnung vom 1. September 1939 befohlen.

Ins Leben gerufen wurde die Gedenkinstallation 2015/16 von Dekan Dr. Martin Arnold aus dem Kirchenkreis Eschwege, der die Historie der Opfer in jahrelanger Recherche erforschte, und von Hartmut Kleiber aus dem Vorstand des Vereins Aufwind, der im Haus neben dem Café auch ein Wohnheim für Menschen mit geistiger Behinderung führt. In den von Aufwind getragenen gemeinnützigen Werkstätten Eschwege wurden die Namenszüge vergoldet. An dem Projekt waren auch Schüler der Anne-Frank-Schule aus Wanfried und ihr Lehrer Heiko Striening beteiligt. Finanziert wurde das Projekt von der Eschweger Stadtstiftung und durch eine Crowd-Funding-Aktion der VR-Bank-Stiftung. Am 29. Mai 2019 wurde die Installation mit einem Gottesdienst in der Marktkirche und der nachfolgenden Enthüllung der Gedenktafeln eingeweiht.

Adresse Brühl 6, 37269 Eschwege, Parkmöglichkeiten zum Beispiel am Marktplatz | Tipp Ein weiterer, manch einen überraschenden Gedenkort für die Opfer der NS-Zeit befindet sich am Stadtbahnhof: Dort wurde am 6. September 2012 zur Erinnerung an die Deportation der Eschweger Juden ein vom Worpsweder Künstler Lothar Rieke gegossener Bronzekoffer »wie zufällig« abgestellt.

21 Die Grenzsteine

Ein Ausflug in den malerischen Sophiengarten

Wie an vielen anderen Orten gehen auch im Werra-Meißner-Kreis immer wieder historische Steine verloren. Während manche von ihnen später in privaten Vorgärten auftauchen, bleiben andere jahrzehntelang verschollen oder verschwinden gar ganz. Um dem immer weiter um sich greifenden Steineschwund entgegenzutreten, entschloss man sich in Eschwege, entführungsgefährdete Steine im Kollektiv zu beschützen.

Einer der schönsten denkbaren Schutzorte für alte Steine ist der Eschweger Sophiengarten. Dort am Südhang des Schulbergs stehen an der nördlichen Gartengrenze, einer bereits vor 500 Jahren erwähnten Sandsteinmauer, zahlreiche Grenzsteine. Zu der Grenzsteinreihe gehören auch ein Grenzstein, der einst die Landesgrenze zwischen dem Kurfürstentum Hessen und dem Königreich Preußen markierte, und ein DDR-Grenzpfahl aus dem einstigen Grenzgebiet zwischen Wanfried und Katharinenberg.

Der Sophiengarten ist ein blumengeschmücktes Kleinod und trotz seiner Lage nahe der Stadtmitte eine Oase der Stille. Sein oberer Teil, an dessen Rand die Steine stehen, stellt mit seinen eingefassten Beeten einen mittelalterlichen Klostergarten dar. Rosenbögen geleiten den Besucher in den Bürgergarten, in dem man auf mehreren Ebenen verweilen kann. Zum Träumen und Lesen wurden heimelige Sitzgelegenheiten erschaffen, es gibt einen Bücherschrank und ein Gartenhaus. Im unteren Gartenteil steht der Fischbrunnen, eine Laube bietet Schutz vor Regen.

Im Mittelalter standen an der Stelle des heutigen Gartens die Burgsitze derer von Eschwege und von Keudell. Die Gebäude wurden im Dreißigjährigen Krieg zerstört. Die Baulücke diente fortan als Garten für das Bürgertum und war als Kreger'scher, später Werner'scher Garten bekannt. Den Namen Sophiengarten trägt das heimelige Terrain seit 2001. Zu diesem Zeitpunkt hatten fleißige Helfer den oberen Gartenteil, der lange brachlag, zu neuem Leben erweckt.

Adresse Vor dem Berge 14a, 37269 Eschwege, www.sophiengarten-eschwege.de | **Anfahrt** Parkmöglichkeiten in der Innenstadt, zum Beispiel am Werraufer (Unter dem Berge), von dort zu Fuß stadtauswärts und scharf rechts in Vor dem Berge | **Öffnungszeiten** ganzjährig geöffnet, ab Einbruch der Dunkelheit geschlossen | **Tipp** Im westlichen Gartenteil stehen circa 350 Jahre alte Grabsteine, die früher als Fußbodenplatten in der Marktkirche dienten. Neben dem Garteneingang (Haus Nummer 14) wohnte 1870 bis 1892 Otto Heinemann, der Vater des Bundespräsidenten Dr. Gustav Heinemann.

22 Hessens größter Schuh

Überraschung im Stadtmuseum

Er steht in einer Glasvitrine am Ende des Dachgeschosses im Eschweger Stadtmuseum: der größte Schuh Hessens. Mit einer Länge von 150 Zentimetern und Schuhgröße 219 wäre er die ideale Fußbekleidung für einen etwa 20 Meter hohen Riesen. Hergestellt wurde der immer noch gut erhaltene rechte Schuh – ein Exemplar für einen potenziellen linken Fuß gibt es nicht – im Jahr 1936 von Mitgliedern der ehemaligen Schuhmacherinnung Kassel. Für den Schaft des Riesenschuhs wurden zwei Felle Oberleder vom Rind, für die Brandsohlen und den Rahmen zwei Hälse und für Laufsohle und Absatz zwei Croupons altgegerbtes Bodenleder verarbeitet. Anlass der imposanten Schuhkonstruktion war die 700-Jahr-Feier der Ersterwähnung der Schuhmacherinnung Kassel im Jahr 1337 in einer Urkunde von Landgraf Heinrich II. dem Eisernen. Die Zunftrechte wurden allerdings erst einige Zeit später, nämlich 1402, von Landgraf Hermann II. dem Gelehrten verliehen.

Im Eschweger Stadtmuseum lassen sich viele interessante Dinge zur Stadtgeschichte und der umliegenden Region bestaunen. Der größte Schuh Hessens, der dem Museum von der Schuhmacherinnung Nordosthessen überlassen wurde, steht in der Abteilung alter, zum Teil bereits ausgestorbener Handwerke: Schuhmacher und Lohgerber waren für Eschwege viele Jahrzehnte lang genauso typisch wie Zigarrenfabriken in neuerer Zeit.

Beeindruckend sind im Museum auch die Einblicke in eine Tuchmacherei und eine Leineweberei mit einem alten Webstuhl. Eine Abteilung für Archäologie mit Funden von der Jungsteinzeit bis zum frühen Mittelalter, eine naturkundliche Sammlung mit Fossilien, Gesteinen und Mineralien, alte Trachten, eine Puppenabteilung, Exponate zur kirchlichen Kultur und zur jüdischen Gemeinde sowie eine Ecke zum Johannisfest, dem traditionellen Eschweger Stadt- und Heimatfest, sind in dem übersichtlich und anschaulich gestalteten Museum ebenfalls zu finden.

Adresse Vor dem Berge 14a, 37269 Eschwege | Anfahrt Parkmöglichkeiten in der Innenstadt, zum Beispiel am Werraufer (Unter dem Berge), von dort zu Fuß stadtauswärts und scharf rechts in Vor dem Berge | Öffnungszeiten April–Okt. Di, Sa, So 14–17 Uhr | Tipp Der auf der anderen Straßenseite steil aufragende Berg ist der Schulberg (früher Cyriakusberg): Er gilt als Geburtsstätte Eschweges.

23 Der Kerker im Schulberg

Das Verlies der Catharina Rudeloff

Zur dunklen Seite der Eschweger Geschichte gehören die grausamen Hexenprozesse gegen die Eschwegerinnen Catharina Rudeloff und ihre Mutter Martha Kerste, die mit der Hinrichtung der beiden Frauen am 30. Oktober 1657 endeten.

In der Mauer neben dem Hochzeitshaus versperrt eine Tür den Zugang zu einer Gewölbezelle, in der Catharina Rudeloff vier Monate lang auf ihre Verurteilung als Hexe wartete. Blickt man durch die Gitterstäbe der Tür, kann man eine steinerne Gewölbebank und die Löcher für die Anbringung von Ketten erkennen.

Neun Jahre nach Ende des Dreißigjährigen Kriegs wurde die Leineweberfrau Catharina Rudeloff von einem Nachbarn, einem armen Leineweber mit sieben Kindern, beschuldigt, einer seiner Töchter und deren Freundin mit vergifteter Butter lebensgefährliche Krämpfe angehext zu haben. Unter den Qualen der Folter bezichtigte Catharina ihre Mutter, dass diese sie in der Hexenkunst unterwiesen habe, woraufhin auch die alte Frau in den Hexenprozess hineingezogen wurde. Als die beiden Frauen vor Gericht einander gegenübergestellt wurden, widerriefen sie ihre durch Folter erzwungenen Geständnisse. Daraufhin wurde der Prozess fortgesetzt. Während ihrer Haft in der Gewölbezelle scheuerte Catharina ein Glied ihrer Fußfessel so lange an der Zellenmauer, bis es zerbrach. Sie floh bei einer günstigen Gelegenheit und verbarg sich in einer Scheune, wurde aber entdeckt und drei Monate später getötet. Beide Frauen kämpften während des Prozesses immer wieder um ihre Ehre und bezichtigten keine anderen Menschen der Hexerei. Dadurch verhinderten sie für Eschwege im Gegensatz zu vielen anderen Orten eine Prozesswelle, die viele Menschen das Leben gekostet und das Sozialgefüge der Stadt zerstört hätte.

Am 30. Oktober 2007, also genau 350 Jahre nach ihrer Hinrichtung, wurden die beiden Frauen durch die Stadt Eschwege und den evangelischen Kirchenkreis Eschwege rehabilitiert.

Adresse nahe Hochzeitshaus, Vor dem Berge 3, 37269 Eschwege | Anfahrt Parkmöglichkeit zum Beispiel am Werraufer (Unter dem Berge), von dort zu Fuß stadtauswärts und scharf rechts in Vor dem Berge | Tipp Der kürzlich verstorbenen Lehrerin und Historikerin Ursula Vaupel ist es zu verdanken, dass auf dem Gelände der Volkshochschule nahe dem Kerker die »Skulptur der Gewalt« zur Mahnung und Erinnerung aufgestellt wurde. Das von Christa Bayer (Witzenhausen) gestaltete Denkmal zeigt Catharina Rudeloff.

24 Die kleinsten Matrosen der Welt

Kurioses im Zinnfigurenkabinett

Sie scharen sich auf einem Flugzeugträger auf der zweiten Etage: Die nur etwas mehr als einen Millimeter großen Zinnmatrosen gelten als die kleinsten der Welt. Neben dem Diorama hängt eine Kopie jener Urkunde, die Wilhelm Heinrich, dem Konstrukteur der winzig kleinen Menschenfiguren, von der Redaktion des »Guinnessbuchs der Rekorde« im Jahr 1997 überreicht wurde. Weitere Schiffsmodelle im Maßstab 1:1250, die die Entwicklung des Schiffsverkehrs in fünf Jahrtausenden skizzieren, können an dieser Stelle mit einer fest installierten Lupe bewundert werden.

Das Eschweger Zinnfigurenkabinett führt auf fünf Stockwerken durch 5.000 Jahre Menschheitsgeschichte im Kleinformat. Selbstredend finden sich als Schwerpunkte der Geschichte immer wieder die Region rund um Eschwege und die Besonderheiten dieses Orts. So kann man im Zinnfigurenkabinett beispielsweise dem Dietemann als Symbolfigur der Stadt (siehe Ort 17), dem bunten Treiben auf dem Obermarkt, der alten Flussbadeanstalt, den Nonnen im Cyriakusstift und dem Dünzebacher Tor um 1758 begegnen. Besonders beeindruckend ist das große Eschwege-Diorama im dritten Stock, das die Stadt während des Dreißigjährigen Krieges zeigt (»Die Kroaten kommen«).

Im Eschweger Zinnfigurenkabinett können über 15.000 Zinnfiguren aller Nenngrößen (bis zu 90 Millimeter) in über 200 Dioramen von verschiedener Form und Größe bestaunt werden. Neben historischen Figuren, zu denen auch Ägypter beim Pyramidenbau, Steinzeitmenschen aus dem Werratal und Cowboys und Indianer aus Elastolin gehören, werden im Zinnfigurenkabinett Fantasy-Figuren, zum Beispiel aus der »Herr der Ringe«-Trilogie, sowie handgefertigte Unikate von Feuerwehr- und Baustellenfahrzeugen im Maßstab 1:87 gezeigt. Auf Anfrage ist die Entstehung von Zinnfiguren im Video zu sehen.

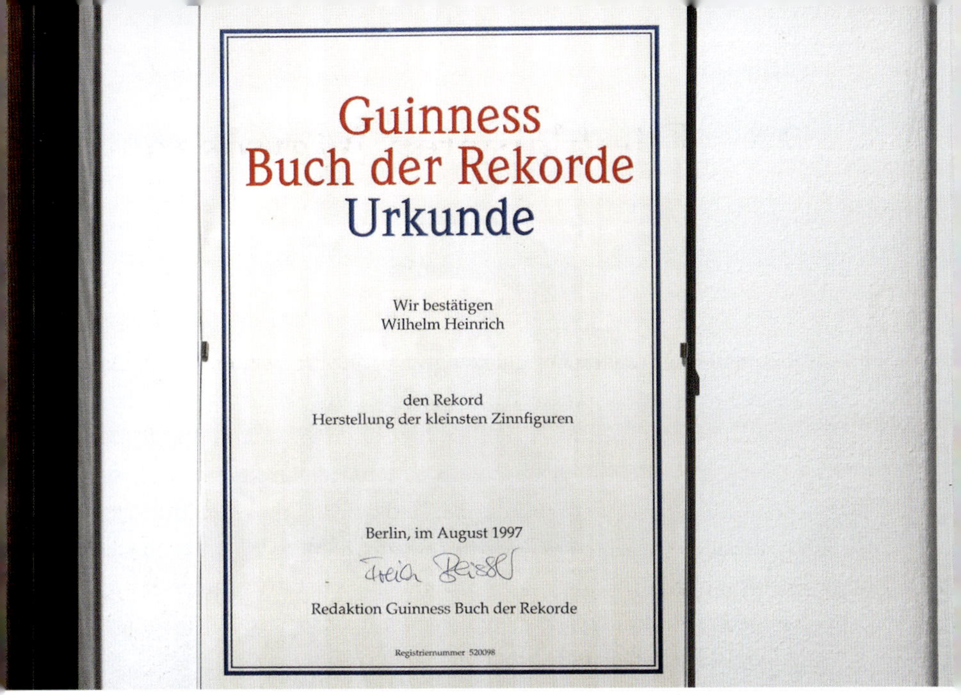

Guinness
Buch der Rekorde
Urkunde

Wir bestätigen
Wilhelm Heinrich

den Rekord
Herstellung der kleinsten Zinnfiguren

Berlin, im August 1997

Redaktion Guinness Buch der Rekorde

Registriernummer 520098

Adresse In der Kemenate / Hospitalstraße 7, 37269 Eschwege, Tel. 05651/331985, www.eschweger-zinnfigurenkabinett.de | **Anfahrt** zum Beispiel vom Parkplatz am Hospitalplatz | **Öffnungszeiten** Mi, Sa, So 14 – 17 Uhr | **Tipp** Die »Kemenate« Hospitalstraße 7 gehört zu den letzten beiden verbliebenen mittelalterlichen Steinhäusern in Eschwege. Das andere Haus liegt versteckt hinter der Herrengasse 9.

25 Die Leuchtberge

Der romantische Treppenweg zum Bismarckturm

Einen der schönsten Plätze im Werratal hat man – der Sage nach – dem Teufel zu verdanken. Es geschah einst beim Bau des ersten Gotteshauses auf dem thüringischen Hülfensberg. Hier hatte der Teufel selbst Hand angelegt, weil ihm ein Arbeiter vorgaukelte, dass dort ein Wirtshaus errichtet würde. Als der Böse erkannte, dass man ihn narrte, schwang er sich hoch in die Luft und raffte im nahen Schliersbachwald das Erdreich zusammen, um die Kirche zu zertrümmern. Doch die zu schwere Last entglitt seinen Händen. So bildeten sich im Werratal zwei Häuflein Erde, die heute als Großer und Kleiner Leuchtberg die Silhouette von Eschwege formen.

Die Kuppe des 369 Meter hohen Großen Leuchtbergs ziert der Bismarckturm, der durch seine Beleuchtung auch nachts weithin sichtbar ist. Der Name Leuchtberg geht jedoch nicht auf den Turm, sondern vermutlich auf die Wortstämme »lech« oder »leuch« zurück, die Waldlichtungen beschreiben. Das mythenumrankte, 26 Meter hohe Gebäude, auf dem man eine grandiose Sicht auf Eschwege, den Hohen Meißner bis hin zum Heldrastein und in das Eichsfeld genießen kann, wurde 1903 zu Ehren von Otto von Bismarck an der Stelle eines ehemaligen Wartturms errichtet. Zu den bekanntesten Sagen gehört die vom Ritter Hans von der Warthe, dessen Geist sich bisweilen noch immer am Großen Leuchtberg zeigen soll.

Der Bismarckturm, aber auch andere wunderschöne Plätze am Großen Leuchtberg lassen sich auf einem wildromantischen Weg erkunden: Vom Gasthaus Felsenkeller zieht sich ein serpentinenreicher Waldpfad über Treppenstufen, die in fein gekörnten rötlichen Sandsteinboden eingesenkt wurden, zum Turm. Auf dem Weg kann man eine schöne Aussicht auf den Werratalsee und wenig später die aussichtsreiche Schäferhalle bestaunen. Der Name des auffälligen neoklassizistischen Baus erinnert an einen Lederfabrikanten, der die Stadt Eschwege reich beschenkte.

Adresse 37269 Eschwege, Zugang vom Restaurant Felsenkeller, Leuchtbergstraße 40 | Anfahrt von Eschwege (Reichensächser Straße) über Schlossplatz, Unter dem Berge und Wiesenstraße bis zum Kreisverkehr, dort dritte Ausfahrt und der Leuchtbergstraße folgen | Öffnungszeiten Der Weg ist ganzjährig begehbar, der Turm ist im Winter geschlossen. Restaurant Felsenkeller siehe www.felsenkeller-eschwege.de. | Tipp Ein weiteres schönes und aussichtsreiches Restaurant liegt am Kleinen Leuchtberg nahe dem Leuchtbergsattel (Waldgasthaus Schubarts Höhe, Schützenweg 4, www.schubarts-hoehe.de).

26 Siggis Puppenstube

Kunst aus ganzem Herzen

Sieglinde Sunkels Augen leuchten, wenn sie von ihren Puppen erzählt. Die 1943 in Treffurt geborene ehemalige Chemielaborantin wohnt im Herzen von Eschwege in einem Haus voller Puppen. Antikpuppen, Künstlerporzellanpuppen und Babypuppen, Puppen mit Märchen-, Phantasie- oder ganz realen Motiven. Viele dieser Puppen sind Frau Sunkel ans Herz gewachsen, jede von ihnen hat ihre eigene Geschichte. Die Puppenliebhaberin fertigt ihre Puppen in Kleinstarbeit selbst, 32 Arbeitsstunden braucht es, bis eine Porzellanpuppe erschaffen ist. Bis vor Kurzem verkaufte sie ihre Puppen, reparierte aber auch »unvollkommene« Puppen. Persönliche Unikate konnte man ebenfalls erwerben: Frau Sunkel stellte lebensnahe Porzellanpuppen nach Vorlage von Fotos her.

Puppen faszinieren Frau Sunkel seit ihrer Kindheit. Sie sind, so sagt sie gern, Balsam für ihre Seele. Ihrer zweiten Puppe, einer Pappmascheekopfpuppe, die sie im Alter von zehn Jahren bekam, nähte sie zum ersten Mal Kleider. Eine Näherin, die regelmäßig ihr Elternhaus besuchte, zeigte ihr die nötigen Schritte. Die Fertigung von Puppen und das Nähen sind bis heute ihre große Leidenschaft. Als die Firma, in der sie angestellt war, 1996 schließen musste, beschloss sie, ihr Hobby zum Beruf zu machen. Sie bezog das heutige Haus in der Straße Brühl und eröffnete dort noch im selben Jahr ihr eigenes Geschäft, Siggis Puppenstube. Der Anfang ihres neuen Berufslebens gestaltete sich schwierig, schließlich jedoch fanden sich Firmen, die Puppenformen und Gießmassen lieferten. Frau Sunkels mit Leidenschaft und Freude gefertigte Puppen waren bei den Kunden sehr beliebt. Zwischen 1997 und 2016 gab Frau Sunkel regelmäßig Kurse zur Herstellung von Puppen, bis 2015 stellte sie ihre Puppen jährlich auf der Internationalen Puppenausstellung in Eschwege aus. Zur Messezeit dekorierte sie die Fenster der Stadt – natürlich mit Puppen. Frau Sunkels Puppenreich ist für Puppenfreunde ein berührender, unvergesslicher Ort.

Adresse Siggis Puppenstube, Brühl 51, 37269 Eschwege | **Öffnungszeiten** Besichtigung nach telefonischer Absprache unter Tel. 05651/60404 | **Tipp** Folgt man der Straße in nördlicher Richtung, kommt man zum Marktplatz, wo man die Marktkirche (siehe Ort 18), bemerkenswerte Häuserverzierungen und das Eschweger Glockenspiel bestaunen kann. Bis zum sagenumwobenen Schuster-Jobst-Brunnen ist es von dort auch nicht weit (Obermarkt).

27 Der Bilstein im Höllental

Die sagenumwobene Burgruine im Wald

Man erspäht sie erst, wenn sie direkt vor einem liegt: die felsige Erhebung mitten im Wald. Dort, wo man den Felsen ausmachen kann, wendet sich der Weg an einem beschilderten Abzweig nach rechts: Auf steilem Pfad erklimmt man das Bergplateau und die letzten Trümmer der einstigen Stammburg der Bilsteiner Grafen. Verstreut stehende Ruinenreste sind die einzigen Zeitzeugen jener dramatischen Tage, die mit der Belagerung der Burg durch den Landgrafen Albrecht von Thüringen begannen und mit dem Tod des letzten Grafen von Bilstein endeten. Auf einer Ruinenmauer fasst eine schräg hängende Tafel die wichtigsten Kerndaten der Burggeschichte zusammen.

Heute herrscht auf dem 284 Meter hohen Grauwackefelsen eine friedliche Stimmung. Besucher können seltenen Pflanzen begegnen und in der Abgeschiedenheit des Orts die Schönheit einer unverhofften Aussicht genießen.

Das tragische Ende des letzten Bilsteiners wird in einer düsteren Sage geschildert. Nachdem die Burg des letzten Grafen von Bilstein nicht mit Gewalt eingenommen werden konnte, beschlossen seine Feinde, den Bilstein zu umzingeln, bis dass sich ihr stolzer Gegner ergäbe. Allein, es verstrichen Monate, in denen sich die Belagerten lachend und munter zeigten. Dank erhöhter Wachsamkeit entdeckte der Feind schließlich am Fuß des Burgbergs eine Mühle, von der ein unterirdischer Gang hinauf zur Burg führte, und einen Müller, der die Belagerten mit Lebensmitteln versorgte. Nach dem Abschnitt des Nachschubs gingen die Vorräte rasch zur Neige. Schon freuten sich die Feinde ihres Triumphs, den letzten Grafen in ihrer Gewalt zu sehen, als auf der Burg ein Wagen mit Pferdegespann erschien – im Wagen saßen der Graf, seine Frau und seine Tochter. Unter lauten Rufen trieb der Graf die Rosse zur Todesreise an. Dort, wo der Burgberg senkrecht abfällt, bedeckten kurz darauf drei Menschenleichen, tote Pferde und Wagentrümmer den Boden des Tals.

Adresse westlich von 37269 Eschwege-Albungen, Zugang vom Frau-Holle-Parkplatz an der Straße zwischen Albungen und Frankershausen | **Anfahrt** von Eschwege auf B 27 bis Albungen, dann in Richtung Frankershausen (L 3242), hinter der Haltestelle Frau Holle links einbiegen (Parkplatz), von dort ein Kilometer zu Fuß | **Tipp** Ganz besonders schön ist der Spaziergang zum Bilstein im Herbst unter dem bunten Kronendach des Buchenwaldes.

28 Die Bäume des Jahres

In der Gänseecke stehen sie vereint

Es ist schon viele Jahrzehnte her, da trieben die Schulkinder von Niederdünzebach an den Nachmittagen die Gänse ihrer Eltern aus dem Dorf hinaus, um sie auf einer Weide am Bach so lange zu hüten, bis die Sonne unterging. Inzwischen hat sich die einstige Gänseecke jedoch verändert: Zäune, Mauern und Häuschen der ehemaligen Pächter sind ebenso wie Weide und Gänse verschwunden. Stattdessen entstand auf dem Gelände ein neues grünes Idyll.

Zur Gänseecke geleitet heute eine Holzbrücke, die den heimeligen Dünzebach überquert – das Gewässer wurde in den 1980er Jahren im Rahmen von Renaturierungsmaßnahmen verlegt. Auf der einstigen Weide jenseits des Baches erinnern Holzgänse an die Geschichte des Terrains, das seit 1989 einen neuen Zweck erfüllt. Seit jenem Jahr wird dort jährlich von Paten aus dem Dorf der jeweilige Baum des Jahres gepflanzt. Ob Sommerlinde, Schwarzerle, Bergahorn, Europäische Lärche, Traubeneiche, Elsbeere oder Flatterulme – sie alle kann man auf dem liebevoll und ehrenamtlich gepflegten Gelände entdecken.

Das Baum-des-Jahres-Arboretum hat sich inzwischen zu einem echten Geheimtipp für Erholungssuchende und Schulklassen gemausert. Vor dem Gelände stehen Informationskästen mit Angaben zu den »Jahresbäumen« (die Namen der Baumpaten sind ebenfalls aufgeführt), auf der Fläche selbst laden ein Holzhäuschen mit Veranda und eine Ruhebank samt Steintisch zum Verweilen ein. Wer sich die Gewächse näher besieht, stellt rasch fest, dass neben den »Jahresbäumen« auch andere Bäume auf dem Terrain anzutreffen sind – unter ihnen zwei gespendete Exemplare der lange als ausgestorben geltenden Urweltmammutbäume.

In Deutschland wird seit 1989 ein Baum des Jahres ausgerufen. Er wird jedes Jahr im Oktober von der »Baum des Jahres – Dr. Silvius Wodarz Stiftung« und durch deren Fachbeirat, das »Kuratorium Baum des Jahres«, für das darauffolgende Jahr bestimmt.

Adresse Baum-des-Jahres-Arboretum, 37269 Eschwege-Niederdünzebach, Zugang von Am Bache (Straße zwischen Nieder- und Oberdünzebach) | Anfahrt Von Eschwege auf L 3244 nach Niederdünzebach, im Ort weiter über Auer Straße, rechts auf Am Bache. Das Arboretum liegt links hinter dem Ortsausgang in Richtung Oberdünzebach. | Tipp Faszinierend ist die Dorfkirche mit dem hölzernen Turmaufbau (Auer Straße 15a). Einen solchen Holzaufbau gibt es nur an wenigen anderen Kirchen in Deutschland.

29 Die Wollnashorn-Familie

Die eiszeitlichen Bewohner des Werratals

Es war in der letzten, vor 10.000 Jahren endenden Kaltzeit, als im heutigen Oberhone die Wollnashörner grasten. Es waren prächtige, fast vier Meter lange und nahezu zwei Meter hohe Pflanzenfresser mit einem Gewicht von bis zu drei Tonnen. Bereits 1910 wurden in den Gipsbrüchen bei Oberhone die Knochen eines Wollnashorns entdeckt. Bei Steinbrucharbeiten im Jahr 2000 wurden weitere Knochen von Wollnashörnern und andere Tierknochen gefunden und im Hessischen Landesamt für Denkmalpflege in Wiesbaden untersucht. Die Knochen der Wollnashörner wurden auf ein Alter von 40.000 Jahren datiert. Man nimmt an, dass diese Tiere zusammen mit dem Neandertaler das heutige Gebiet bewohnten.

Trotz des Verschwindens der Wollnashörner mit dem Ende der Kaltzeit – die Tiere waren an das Leben in der eiszeitlichen Steppe gut angepasst und starben durch die Klimaerwärmung aus – kann man in Oberhone auch heute noch einen nachhaltigen Eindruck von den eiszeitlichen Großsäugern bekommen. Auf der Landstraße von Reichensachsen nach Oberhone lassen sich bereits aus der Ferne drei Wollnashörner auf einer Anhöhe am rechten Dorfrand ausmachen: ein männliches Tier mit einer Mähne, die rundlichen Gliedmaßen eines Jungtieres mit erhobenem Kopf und ein voranschreitendes weibliches Tier.

Diese Wollnashornskulpturenfamilie wurde 2002 von einer Arbeitsgemeinschaft der Brüder-Grimm-Schule in Eschwege unter künstlerischer Leitung von Reinhard Schäfer und auf Initiative von Karl Kollmann zur Erinnerung an die eiszeitlichen Säuger errichtet und am »Steinröllchen«, oberhalb des Gipsabbaus der Firma Knauf, aufgestellt. Die Skulpturen wurden von ihren Erbauern maßstabsgerecht vergrößert, damit die Tiere auch von Weitem sichtbar sind. Die Größe der erwachsenen Tiere beträgt 7,6 mal 3,6 mal 1,2 Meter. 2017/18 wurden die Skulpturen vom Dorfverschönerungsverein Oberhone mit Spendengeldern in Eigenarbeit erneuert.

Adresse 37269 Eschwege-Oberhone, Zugang von der Oberlandstraße | **Anfahrt** von Eschwege auf B 452 nach Wehretal-Reichensachsen, dort rechts nach Oberhone (L 3403), im Dorf rechts auf Oberlandstraße, Im Rosengarten queren, Parkplätze links, von dort 200 Meter zu Fuß | **Tipp** Bei einem Spaziergang durch den Ort kann man den alten Dorfanger mit Angerlinde und Musikantenhäuschen bewundern. Auch eine Einkehr im Dorfkrug (Wehretalstraße 10) und ein Besuch der danebenliegenden Milchtankstelle (Milchprodukte und Wurst aus überdachtem Großautomaten) sind lohnende Ziele.

30 Der Bilsteinturm

Ausblick dank »hochherziger Opferfreudigkeit«

Den Steinturm mit dem ungewöhnlichen Aufsatz erblickt man erst kurz vor dem Ziel. Es war vor mehr als 150 Jahren, als erstmals der Wunsch nach einem Aussichtsturm auf dem Bilstein aufkam. Man wollte auf der mit 642 Metern zweithöchsten Erhebung im Kaufunger Wald (nur der Hirschberg ist einige Meter höher) einen schönen Rundblick genießen. So wurde bereits 1869 auf dem Bilstein-Gipfel ein hölzerner Aussichtsturm errichtet.

Dieser Turm wurde auf Anregung eines Amtsrichters zwischen 1890 und 1891 vom Zweigverein Großalmerode des Niederhessischen Touristenvereins durch einen massiven Steinneubau ersetzt und am 5. Juli 1891 eingeweiht. Die kurze Bauzeit des Turms, der fortan von zahlreichen Wanderfreunden besucht wurde, war laut schriftlicher Überlieferung vor allem der »hochherzigen Opferfreudigkeit« der Bürger zu verdanken. Am 6. August 1907 erwies sogar die Kaiserin Auguste Viktoria dem Turm die Ehre. 1960 wurde der Turm durch einen Stahlaufbau um sieben Meter auf insgesamt 20 Meter erhöht, damit er die nachwachsenden Baumwipfel überragte. Inzwischen haben jedoch viele Bäume auch die neue Turmhöhe erreicht. Wer die 92 Stufen bis zur höchsten Plattform erklimmt, wird dennoch mit einer herrlichen Rundumsicht bis zum Harz, Sauerland, Eggegebirge und Kellerwald belohnt.

Der Bilstein (abgeleitet vom althochdeutschen Wort »bilu« für »hervorspringen«) ist vulkanischen Ursprungs. Es war gegen Ende des Tertiärs, als sich die Basaltkuppe des Berges ausbildete. Das aus tief reichenden Spaltensystemen aufsteigende Magma blieb kurz unter der Erdoberfläche stecken und erkaltete zu festem Basalt. Durch Witterungseinflüsse wurde die Kuppe schließlich freigelegt. Seit Langem befindet sich neben dem Bilsteinturm auch eine Gaststätte. Es ist urkundlich belegt, dass Wanderer bereits im Februar 1881 auf dem Bilstein bewirtet wurden – also sogar noch einige Jahre vor dem Bau des heutigen Turms.

Adresse Turm- und Berggaststätte Zum Bilstein, Zugang vom Wanderparkplatz Bilstein, 34298 Gutsbezirk Kaufunger Wald | **Anfahrt** von Witzenhausen auf B 451 nach Großalmerode, weiter in Richtung Wickenrode, rechts in die Kohlenstraße und am Gut Giesenhagen vorbei zum Wanderparkplatz | **Öffnungszeiten** Der Turm ist ganzjährig geöffnet. Gaststätte April–Okt. Mi–So 11–18 Uhr, Nov.–März Sa, So 11–17 Uhr | **Tipp** Beeindruckend ist ein Besuch auf Gut Giesenhagen, das nach den Richtlinien des ökologischen Landbaus bewirtschaftet wird. Dort kann man auch eine kleine Herde Wasserbüffel bestaunen.

31 Das Grabmal aus Ton

Eine Entdeckungsreise im Glas- und Keramikmuseum

Es ist das einzige erhaltene Ton-Grabmal in der Region: das im Glas- und Keramikmuseum ausgestellte Grabmal für Anna Martha Noll. Sowohl der Sockel als auch der urnenartige Mittelteil und der Aufsatz mit seinen Inschriften bestehen aus Ton. Dass das Ton-Grabmal in Großalmerode ausgestellt wird, hat gute Gründe. Die erstmals 1386 urkundlich als Almerodde erwähnte Kleinstadt verdankt ihre Entstehung den in ihrer Region hochwertigen Tonvorkommen und blickt auf eine mindestens 800-jährige Tradition in der Tonverarbeitung zurück.

Auf den drei Stockwerken des liebevoll und sehr anschaulich eingerichteten Museums gewinnt der Besucher einen lebendigen Eindruck von der Vielfalt des Keramikgewerbes vom Ton-Rohstoff bis zum Fertigprodukt. Insbesondere die nachgebauten Werkstatträume machen den Zugang zur Materie auch für fachfremde Besucher zu einem Erlebnis. Zu den im Verlauf der Jahrhunderte in Großalmerode hergestellten und im Museum gezeigten Tonwaren gehören Tonpfeifen, Haushaltskeramik, Murmeln, Apothekengefäße und Schneiderkreide. Im Museum wird aber auch die Herstellung von Industriekeramik wie zum Beispiel feuerfeste Schmelztiegel und Schamottsteine gezeigt. Dem Export von Tonprodukten in weit entfernte Länder ist ein eigener Raum gewidmet.

Die rund um Großalmerode reichen Vorkommen an qualitätsvollem Ton, Sand und Wald begünstigten im Mittelalter die Ansiedlung von Glasmachern. So entwickelte sich Großalmerode im 16. Jahrhundert auch zu einem wichtigen Zentrum des Glasmachergewerbes. An die Herstellung von Waldglas wird im Museum mit Exponaten aus jener Zeit ebenfalls erinnert. Auch sozialgeschichtliche Themen wie zum Beispiel das damalige Leben einer Arbeiterfamilie werden dargestellt. Im Dachgeschoss kann eine stimmungsvolle Bildergalerie mit Werken des Heimatmalers Heinrich Pforr (1880–1970) bewundert werden.

Adresse Glas- und Keramikmuseum, Kleiner Kirchrain 3, 37247 Großalmerode, www.geschichtsverein-grossalmerode.de | Anfahrt von Witzenhausen auf B 451 nach Großalmerode, Parkplätze im Zentrum | Öffnungszeiten April–Okt. So 14–17 Uhr | Tipp Sehr sehenswert sind die Sonderausstellungen im Museum (aktuelle Infos siehe Homepage). Die an der evangelischen Kirche stehende Gedenktafel weist darauf hin, dass dort am 13. April 1800 Wilhelm Grimm konfirmiert wurde.

32 Die Rote Niestequelle

… und andere zauberhafte Waldplätze

Ein verborgen im Wald liegendes Naturschauspiel ist die Quelle der Roten Nieste. Das 22 Kilometer lange Flüsschen, das im weiteren Verlauf nur noch als Nieste bezeichnet wird, mündet bei Kassel in die Fulda. Das Besondere der Quelle ist ihre Farbe und Form: Der lang gestreckte und in einer Mulde im Nadelwald eingebettete Quelltopf ist tiefrot gefärbt. Der winzige, dunkelrot schimmernde »See« wird von Poeten auch als »geheimnisvoller roter Quellkelch« oder »heilendes Blut« beschrieben. Offiziell beruht die Rotfärbung des Wassers indes auf dem hohen Eisengehalt des darunterliegenden Gesteins sowie auf Eisenablagerungen.

Um zu der etwa 538 Meter hoch liegenden Quelle im Kaufunger Wald zu gelangen, gibt es einige Möglichkeiten. Ein besonders schöner Zugangsweg verläuft entlang einem Teilstück des Premiumwegs P14, der auch zwei wunderschöne Seen streift. Dieser Weg beginnt am Parkplatz am Steinberg und führt als Forstweg in den Wald hinein, bevor er oberhalb der Abbruchkante einer ehemaligen Abraumhalde zu einem heimeligen Waldpfad wird. Durch die Bäume an der Hangkante hindurch kann man auf den Großen Steinbergsee hinunterblicken. Die Steinbergseen sind mit Grundwasser gefüllte Tagebauvertiefungen der Grube Steinberg, wo bis um 1870 ein Braunkohleflöz abgebaut wurde. Rechts um einen Berg herum führt der Weg zur Steinberghütte, die halbseitig von bis zu 15 Meter hohen Basaltsäulen umgeben ist; sie sind Zeugen einer ehemaligen vulkanischen Aktivität. Der Betrieb des einstigen Steinbruchs wurde in den 1890er Jahren eingestellt. Hinter der Hütte zieht der Weg durch einen wie verwunschen daliegenden Wald zum Kleinen Steinbergsee hinab: Durch Moose in ein sanftes Grün getauchte Steinstufen, knorrige Bäume mit großen Astaugen, blau schimmernde Gräser und andere »Waldwesen« begleiten den Weg. Von dort sind es bis zum Quelltopf nur noch wenige Meter. Ein Spaziergang zur Quelle der Roten Nieste ist ein unvergessliches Erlebnis.

Adresse nordwestlich von 34247 Großalmerode, Zugang vom Wanderparkplatz Bilstein | **Anfahrt** von Witzenhausen auf B 451 nach Großalmerode, weiter in Richtung Wickenrode, rechts in die Kohlenstraße und am Gut Giesenhagen vorbei zum Wanderparkplatz | **Tipp** Anstatt zur Quelle hin- und von dort zurückzugehen kann man auch den gesamten Premiumweg P14 erwandern (10,5 Kilometer). Der faszinierende Rundweg führt über den Bilstein und an einem weiteren außergewöhnlichen Gewässer, dem Roten See, vorbei.

33 Die Rosstrappe

Die Flugschule der Einhörner

Es war eine spektakuläre Flucht zu Pferd. Einst verfolgte Ritter Bodo von Böhmen die schöne Königstochter Brunhilde, die er gegen ihren Willen zur Frau nehmen wollte. Als sich vor Brunhilde plötzlich ein tiefer Abgrund auftat, setzte sie mit ihrem weißen Ross zu einem kühnen Sprung zu den jenseitigen Felsen an. Sie erreichte die Felsen, verlor jedoch ihre goldene Krone, die im Fluss versank. Ihr Verfolger indes stürzte in die Tiefe und wurde in einen schwarzen Hund verwandelt, der seitdem die Krone der Prinzessin bewachen muss.

Diese Sage von der Rosstrappe, einem 403 Meter hohen Granitfelsen über dem Bodetal im Harz, ist vielen Wanderern bekannt. Der Eindruck vom Huf bei der Landung der Königstochter, in Wirklichkeit vermutlich der Rest eines germanischen Opferbeckens, ist noch heute zu sehen. Weitaus weniger bekannt ist die 250 Kilometer weiter südlich liegende Rosstrappe im Werra-Meißner-Kreis, die nach ihrem nordischen Namensvetter wegen einer ähnlichen Landschaftsform benannt wurde. Nahe dem idyllisch gelegenen Örtchen Trubenhausen ragen über einem Wiesental steile Felsklippen aus dem Wald. Auf der eigentlichen Rosstrappe, der mit einem Geländer gesicherten Kante dieser Felsen, eröffnet sich in 420 Meter Höhe ein wunderschöner Ausblick auf Hundelshausen, das malerische Gelstertal, die Hügelketten der Werratalberge und auf die Kronendächer der umliegenden Wälder. Am Aussichtspunkt laden Bänke zum Träumen und Verweilen ein.

Inspiriert von der Harzer Flugsage erzählt man den Kindern im Gelstertal eine Geschichte, bei der die an weiße Pferde erinnernden Einhörner eine Rolle spielen. Man sagt, dass junge Einhörner an der Rosstrappe das Fliegen erlernen: Stürzen sie sich an den Klippen in die Tiefe, fallen sie nicht tief, da ihnen in Windeseile Flügel wachsen. Allerdings sollen die hübschen Fabelwesen bei ihren ersten Flugversuchen noch sehr holprig talwärts segeln.

Adresse nahe 37247 Großalmerode-Trubenhausen | **Anfahrt** von Witzenhausen auf B 451 Richtung Großalmerode nach Trubenhausen, dort parken und weiter zu Fuß, vom Gelsterbach an der Straße Auf der Insel Richtung Ortsausgang, kurz davor aber links (X4), vor dem Bach wieder rechts und am Waldrand bergan, dann scharf links und Markierung 3 folgen (Elsbeer-Eiben-Pfad), Weglänge insgesamt 4 Kilometer | **Tipp** Das sommertags mit Blumen geschmückte alte Gelsterwehr gehört zu den schönsten Plätzen in Trubenhausen. Auch das alte Bahnhofsgebäude der stillgelegten Gelstertalbahn gibt es noch.

34 Der Dornbergpass

... und die kleine Elfe an der Jausenstation

Eine der schönsten Panoramastraßen im Werra-Meißner-Kreis ist die Kreisstraße 42, die am Fuße des Hohen Meißners von Laudenbach nach Weißenbach führt. An ihrem höchsten Punkt, dem Dornbergpass, gibt es einen Wanderparkplatz, auf dem man eine wunderschöne Aussicht auf das Meißner-Vorland mit dem Örtchen Uengsterode und auf den Kaufunger Wald genießen kann. Neben dem Parkplatz liegt eine große Wiese, auf der es sich stundenlang träumen und in das Tal hinabschauen lässt. Im Herbst lassen hier einige Menschen ihre Drachen steigen, denn auf der Anhöhe und den Hängen weht dann oft ein kräftiger Wind. Auch Modellflieger lassen sich beobachten, die an der Passhöhe ihren Startplatz haben.

Eine einzeln stehende, prächtige Rotbuche, in die unzählige Verliebte ihre Initialen eingeritzt haben, bildet die Mitte des Aussichtsorts. Manche Buchstaben sind im Laufe der Zeit weit über Menschengröße hinausgewachsen, andere in Augenhöhe sind noch frisch. Einer Sage zufolge kann man im Geäst der uralten Buche an warmen Tagen einer Elfe begegnen. Die Sonnenschein liebende kleine Buchenelfe lebte einst im Elfengrund, wo sie mit Frau Holle, anderen Elfen und Wichteln herumtollte (siehe Ort 81). Viele Kinder sagen, dass man der Elfe auch in Frau Holles Blumenwiesen im etwa 100 Meter tiefer gelegenen Weißenbach beim Spielen zuschauen könne.

Diese Wiese gibt es erst seit einigen Jahren. Sie liegt gegenüber der Jausenstation Weißenbach. In diesem Restaurant und Café, das am 11. November 1989 zeitgleich zur innerdeutschen Grenzöffnung eröffnet wurde, kann man sich an köstlich mundenden, erlesenen Speisen laben. Im angegliederten Hofladen lassen sich einige Spezialitäten des Familienbetriebes auch für den Heimweg erwerben. Die Produkte des Betriebs stammen fast ausschließlich aus eigener Herstellung – aus Hausschlachtung, Hofkäserei, Backstube und Gemüsegarten.

Adresse Passhöhe an der K 42 zwischen Großalmerode-Laudenbach und -Weißenbach | Anfahrt von Witzenhausen auf B 451 Richtung Großalmerode, in Trubenhausen links (Auf der Insel, L 3239), durch Weißenbach, dahinter rechts halten und wieder rechts (Passhöhe), von dort zu Fuß auf dem Premiumweg P8 auf dem Bergkamm talwärts nach Weißenbach (15 Minuten) | Tipp Der über den Dornbergpass und durch Weißenbach führende Premiumweg P8 (7 Kilometer) durchquert das Bühlchen, ein aussichtsreiches Magerrasengebiet mit vielen Orchideen.

35 Die historische Doktorstube

Liebevoll eingerichtet und gespickt mit Raritäten

Am 13. April 2019 war das Wartezimmer des Allgemeinmediziners Dr. Hans-Peter Marsch nach langer Zeit wieder einmal übervoll. Und das an einem Samstag! Die Menschen waren herbeigeströmt, um dabei zu sein, als der Arzt im Wohn- und Praxishaus seiner Vorfahren eine historische Doktorstube, ein Privatmuseum mit Schätzen aus vergangenen Zeiten, eröffnete.

Im Januar 1895 ließ sich der spätere Sanitätsrat Dr. Emil Marsch in Herleshausen nieder. Fünf Jahre später erwarb er das Fachwerkhaus im Hainertor 11. Später führte sein Sohn Dr. Erich Marsch die Praxis bis zur Übernahme durch dessen Sohn Hans-Peter im Jahr 1973 fort. Damit besteht die ärztliche Familiendynastie in Herleshausen bereits seit 125 Jahren.

Hans-Peter Marsch ist aber nicht nur ein beliebter Arzt, sondern auch ein leidenschaftlicher Sammler. Seit 1970 sammelt er vor allem Exponate der Medizin, aber auch Alltagsgegenstände und Trachten aus der Großgemeinde Herleshausen aus der Zeit um 1900. Viele seiner Funde stellt er nun in seinem Museum aus. Wer durch das liebevoll ausstaffierte Museum streift, kann im Parterre des Doktorhauses eine historische Apotheke, die alte Praxis von Großvater Emil, eine Wöchnerinnenstube mit einem über 100 Jahre alten Himmelbett und eine historische Küche bestaunen. Das Museum ist gespickt mit attraktiven Kuriositäten, zu denen die von der Kaiserin Auguste Viktoria unterschriebene Gründungsurkunde des vaterländischen Frauenvereins des Deutschen Roten Kreuzes (im Original!), aber auch eine Flasche Chloroform aus dem Jahr 1889 gehören.

Dr. Hans-Peter Marsch weiß zu allen Exponaten im Museum Faszinierendes zu berichten. Große Unterstützung bei seinem Projekt erhält er von Doris Drude, der ehemaligen Museumsleiterin des Werratal-Museums in Gerstungen.

Adresse Hainertor 11a, 37293 Herleshausen | **Anfahrt** Das Museum liegt nahe der Ortsmitte an der Durchgangsstraße L 3251 (Hainertor Richtung Wommen). | **Öffnungszeiten** Besichtigung nach telefonischer Anmeldung unter Tel. 05654/314 | **Tipp** Ein Spaziergang durch das 1.000-jährige Herleshausen lohnt sich sehr. Zu den sehenswerten Plätzen des wunderschönen Orts gehört die evangelische mittelalterliche Burgkirche, eine ehemalige Fliehburg.

36 Die sowjetische Kriegsgräberstätte

Gräber mit Namen – ein Zeichen der Menschlichkeit

Der sowjetische Ehrenfriedhof bei Herleshausen ist ein bedrückender Ort. Auf den Wiesen liegen in Reihen und regelmäßigen Abständen steinerne Grabplatten, auf den meisten Platten sind die Namen von fünf Soldaten vermerkt. Grabschmuck gibt es kaum, an einzelnen Platten hängt ein Bild zu einem Namen. Die wenige Meter weiter auf der Autobahn vorbeirauschenden Lkws verbieten Momente der Stille. 1.622 Soldaten aus den Staaten der ehemaligen Sowjetunion sind auf dem Friedhof begraben. Sie starben im Zweiten Weltkrieg an den Folgen der menschenverachtenden Behandlung durch das NS-Regime. Als Kriegsgefangene der Nationalsozialisten in den Stammlagern Ziegenhain (IX A), Bad Orb (IX B) und Bad Sulza (IX C) wurden sie zwischen 1942 und 1945 zum Sterben in das damals nahe gelegene Seuchenlager Herleshausen gebracht. Wer in dieses Lager eingewiesen wurde, lebte noch ein bis drei Monate. Eine medizinische Versorgung gab es kaum.

Trotz allen Leids ist auf dem sowjetischen Ehrenfriedhof auch eine menschliche, mitfühlende Note zu finden, die diesen Platz von anderen dieser Art unterscheidet. Die bestatteten Soldaten waren nach dem Tod namentlich zu identifizieren – die Angehörigen konnten vom Schicksal ihrer vermisst Gemeldeten erfahren und ihre Toten betrauern. Die Bewahrung der Namen der Toten ist Karl Fehr, Bürgermeister und Standesbeamter in Herleshausen von 1924 bis 1945 und 1948 bis 1956, zu verdanken. Er widerstand dem Druck der Nationalsozialisten, diese Menschen namenlos zu beerdigen. Als Standesbeamter erlaubte er die Bestattung mit Totenschein und Eintrag der Namen in das Sterbebuch der Gemeinde.

Der Friedhof in seiner heutigen Form wurde von der Gemeinde Herleshausen und dem Volksbund Deutsche Kriegsgräberfürsorge gestaltet und am 26. September 1959 eingeweiht.

Adresse nahe Karl-Fehr-Straße, 37293 Herleshausen | **Anfahrt** in Herleshausen Richtung Eisenach (Bahnhofstraße, Eisenacher Straße), links in die Karl-Fehr-Straße, unter der Autobahn hindurch, dann links, der Friedhof liegt wenige 100 Meter weiter linker Hand | **Tipp** Dem sowjetischen Friedhof angegliedert ist der ebenfalls sehr sehenswerte Jüdische Friedhof.

37 Der Weg nach Lauchröden

Schönes und Nachdenkliches an der einstigen Grenze

Wanderer und Radfahrer lieben sie, und auch die Bewohner zweier Orte gehen gern auf ihr spazieren: die idyllisch in einer Werraaue gelegene, von Linden umsäumte Lauchröder Straße. Von Herleshausen nahe dem Ortskern zieht sie zunächst leicht bergab an einem Kirchlein vorbei, bevor sie die Schienen der Bahn überquert. Danach führt sie in die Werrawiesen und unter dem Blätterdach der beidseits eng beieinanderstehenden Bäume hindurch. Jenseits der Werra thront auf den thüringischen Werrabergen die Ruine Brandenburg. Für Autofahrer endet die Straße nach einem Kilometer an einer Skulptur. Das Kunstwerk »Aus der Enge in die Weite« von Tobias Michael aus Lauter ist eine von sieben Skulpturen, die zwischen 2012 und 2014 im Werra-Meißner-Kreis entlang der einstigen innerdeutschen Grenze aufgestellt wurden (Ars Natura Exterior). Mit den Kunstwerken »am Wanderweg« sollen Grenzerfahrungen symbolisiert und an die deutsch-deutsche Teilung erinnert werden.

Wenige Meter hinter der Skulptur mündet die Straße in die Lauchröder Brücke, die Herleshausen mit dem thüringischen Dorf Lauchröden verbindet. Die einstige innerdeutsche Grenze verlief hier, ähnlich wie bei Lindewerra, mitten durch die Werra. Die heutige Stahlbetonbrücke ersetzte 1997 ein Holzprovisorium, das am 23. Dezember 1989, also kurz nach der Grenzöffnung, als Fußgängerbrücke eingeweiht worden war. Zu DDR-Zeiten gab es keine Brücke. Die seit Ende des 19. Jahrhunderts existierende Steinbrücke wurde am 1. April 1945 von amerikanischen Soldaten gesprengt.

Zur Zeit der deutschen Teilung war von der heutigen Idylle an der Lauchröder Straße wenig zu spüren. Aus dem Westen strömten Busladungen an Menschen herbei, die mit Ferngläsern die Menschen in Lauchröden erspähen wollten. Diese durften sich der Grenze nicht nähern und brauchten Passierscheine, um ihr eigenes Dorf zu verlassen – und dorthin zurückzukehren.

Adresse Lauchröder Straße, 37293 Herleshausen | **Anfahrt** von Eisenach in Herleshausen an der Bank links auf Lauchröder Straße | **Tipp** Besonders schön ist es, die Lauchröder Straße zu Fuß zu erkunden. Auch ein Bummel durch Lauchröden mit seiner Kemenate in der Ortsmitte lohnt sich sehr. Alljährlich am 23. Dezember findet auf der Lauchröder Brücke ein berührendes Fest in Gedenken an die deutsche Wiedervereinigung statt. Die Brücke ist nur für Fußgänger, Radfahrer und Einsatzfahrzeuge freigegeben.

38 Die Tanzlinde

Der uralte Baum, in dem man einst feierte

Zusammen mit der Eiche ist die Linde der in Deutschland kulturhistorisch wichtigste Baum. Linden wurden früher bei uns überall dort gepflanzt, wo es um die Markierung und Gestaltung besonderer Plätze in Dörfern und der freien Landschaft ging. Unter Linden sprachen die Germanen an ihren Thingstätten Recht. In vielen Dörfern waren kunstvoll ausgestattete (geleitete) Tanzlinden der Mittelpunkt geselliger Anlässe und Feste. Man tanzte in den Kronen oder um die Stämme der Linden. Die einstigen Tanzbäume gibt es heute nur noch in vereinzelten Dörfern. Eine der wenigen verbliebenen Tanzlinden ist die majestätische Sommerlinde, die in Breitzbach auf dem Anger gegenüber der Kirche gedeiht. Sie ist die letzte von ehemals drei Linden. Auch wenn einer der waagerechten Äste 1940 verloren ging, ist noch immer deutlich zu sehen, dass die Linde früher geleitet wurde.

Breitzbach, durch das auch der gleichnamige Bach fließt, wurde erstmals 1545 urkundlich erwähnt und ist damit in etwa so alt wie seine Linde, deren Alter auf bis zu 500 Jahre geschätzt wird. Die Tanzlinde gehört damit zu den ältesten Laubbäumen im Werra-Meißner-Kreis. Noch bis 1960 stand der Tanzbaum im Mittelpunkt größerer festlicher Aktivitäten: Bis dahin fand auf dem Anger, dem einstigen Gerichtsplatz des Dorfs, jährlich eine Herbstkirmes statt.

Die Breitzbacher Linde ist 14,5 Meter hoch und hat einen Stammumfang von bis zu 7,7 Metern. Sie erhielt im Juli 2017 neue Stützen, ist aber nach wie vor vital und ohne nennenswerten Schädlingsbefall. Ein Grund für ihren guten Gesundheitszustand ist die aufopferungsvolle Pflege durch die Dorfbevölkerung. Als es im Sommer 2018 mehrere Monate lang nicht regnete, wurde der Baum von einigen Jugendlichen in regelmäßigen Abständen mit 1.000 Litern Wasser pro Gießtag gewässert – mit Hilfe eines Traktors und eines 1.000-Liter-Tanks mit gespendetem Brunnenwasser.

Adresse 37293 Herleshausen-Breitzbach, auf dem Dorfanger gegenüber der Kirche | **Anfahrt** von Herleshausen auf B 400 Richtung Sontra, hinter Nesselröden links nach Breitzbach | **Tipp** Auf der Suche nach uralten Bäumen wird man im Werra-Meißner-Kreis an vielen Stellen fündig: Die knorrige Abschiedslinde am Ortsausgang von Kammerbach (Bad Sooden-Allendorf), die Linden in Wellingerode (Meißner) und Lüderbach (Ringgau) sowie ein schwer zugänglicher Ahorn an der Kalbe sind in etwa so alt wie die Tanzlinde. In Herleshausen-Archfeld steht vor dem Kirchhof eine alte Gerichtslinde mit einem Halseisen.

39 Der Karpfenfängerteich

Armer Bauer, armer Esel

Der Karpfenfängerteich ist ein ruhiger, idyllischer Ort. Vor allem Kinder und ihre Eltern, aber auch Sagenliebhaber zieht es hierher. Unter den Enten, die stets gefüttert werden möchten, tummeln sich unzählige Fische, vor allem Karpfen. Der mit Schilfen umsäumte Weiher ist von einem heimeligen Park umgeben, auch ein Pavillon und Märchenskulpturen schmücken das Terrain. Die Kunstwerke, die sich vornehmlich mit dem Märchen von Frau Holle beschäftigen, wurden von Schülerinnen der ortsansässigen Freiherr-vom-Stein-Schule erschaffen.

Bereits um 1300 gab es in Hessisch Lichtenau einen Teich. Später waren es drei, dann zwei, seit vielen Jahrzehnten ist es wieder einer. Seinen heutigen Namen erhielt der Teich 2006 anlässlich des Hessentags, zuvor hieß er schlicht Feuerlösch- oder Fischteich. Die Bezeichnung bezieht sich auf eine 1869 veröffentlichte Sage, die sich hier zugetragen haben soll. Sie ist der Grund dafür, dass man die Lichtenauer Karpfenfänger nennt.

Um ungelöschten Kalk aus dem nahen Spangenberg zu holen, zog im Sommer ein armer Bauer aus Lichtenau mit seinem Esel los. Auf dem Heimweg gab es ein schweres Gewitter. Nun ist es so, dass ungelöschter Kalk beim Zusammentreffen mit Wasser ätzend wirkt. Der durchnässte, mit Kalksäcken beladene Esel begann vor Schmerz derart zu schreien, dass der Bauer keine andere Linderung für das Tier sah, als es in den Feuerlöschteich zu treiben, wo es im schlammigen Wasser ertrank. Als im Herbst das alljährliche Abfischen des Weihers stattfand, schien ein Angler einen besonders guten Fang zu haben. Anstelle des erhofften Riesenkarpfens förderte er jedoch einen Eselskopf zutage.

Der Karpfenfängersage wird nahe der Landzunge an der Teichmitte gedacht: Auf der einen Seite erhebt sich die Skulptur eines Karpfens, auf der anderen ein Eselskopf aus dem Wasser. Beide Skulpturen sind beliebte Aussichtspunkte für hungrige Graureiher.

Adresse Himmelsbergstraße/Teichstraße, 37235 Hessisch Lichtenau | Anfahrt Der Teich liegt nahe dem historischen Zentrum (Verlängerung der Landgrafenstraße in Richtung Südwest). | Tipp Der Karpfenfängerteich ist Station 6 des faszinierenden, insgesamt zwölf Stationen umfassenden Frau-Holle-Rundwegs, der die vielfältigen Facetten der Sagen- und Märchenfigur zeigt. Auf dem jährlichen Weinfest der Stadt wird die traurige Karpfenfängersage von einem historisch gewandeten »Karpfenfänger« erzählt.

40 Die Unterwelt im Holleum

Deutschlands einziges Frau-Holle-Museum

Ehrfürchtig, bisweilen auch ein wenig ängstlich, betrachten die Besucher das Bild in der Unterwelt. Die Reproduktion des Deckengemäldes des Künstlers Hermann Knackfuß zeigt Frau Holle als Frigga, dargestellt ist ein Geisterzug mit der Göttin an der Spitze. Ochsen ziehen ihren Karren, ein starker Wind begleitet die verstorbenen Seelen. Untermalt von sphärischer Musik skizziert eine dunkle Lautsprecherstimme das nächtliche Treiben. Selbstverständlich ist es finster in der Unterwelt, nur die von 400 LED-Lämpchen gespeiste Imitation eines glühenden Lavastroms auf dem Boden und subtile Lichteffekte an den Wänden stellen sich der Dunkelheit entgegen.

Im Holleum, dem ersten und einzigen Frau-Holle-Museum in Deutschland, werden seit Oktober 2011 auf 120 Quadratmetern – also auf kleinstem Raum – die vier Welten der Frau Holle gezeigt. Neben dem mystischen Wissen um Frau Holle und ihre verwandten Gottesfiguren in der Unterwelt kann man sich in der Märchenwelt visuell und akustisch an dem wohlbekannten Frau-Holle-Märchen der Brüder Grimm erfreuen. Bei genauem Hinhören stellen viele Menschen fest, dass sie das Märchen noch nicht so genau kannten. In der Meißnerwelt werden einige Sagenorte auf und nahe dem Hohen Meißner vorgestellt, die Frau Holle zugeschrieben werden. Kitzkammer, Kalbe und Badestube gehören dazu, aber auch die Hilgershäuser Höhle bei Bad Sooden-Allendorf wird genannt. In der Kräuterwelt schließlich werden die Heilkräuter der Frau Holle, wie Holunder, Wacholder und Liebfrauenstroh, spielerisch (Quiz) erläutert. Seit Kurzem haben zudem die Brüder Grimm Quartier im Museum bezogen; in einer Raumnische finden sich Schriften aus ihrer Zeit auf dem ehemaligen Gut Glimmerode bei Hessisch Lichtenau.

Ein großer Pluspunkt des kleinen Museums sind seine ehrenamtlichen Mitarbeiter, die die Fragen der Besucher freudig und mit bewundernswertem Engagement beantworten.

Adresse Holleum (Frau-Holle-Museum), Landgrafenstraße 17, 37235 Hessisch Lichtenau | **Anfahrt** Parkplätze in der Innenstadt, zum Beispiel Parkplatz Kirchstraße 33 | **Öffnungszeiten** ganzjährig So 14–17 Uhr | **Tipp** Wenige Meter vom Holleum entfernt liegt das Café am Brauhaus, wo man köstliche Kuchen und Torten verspeisen kann (Burgstraße 30). Das Holleum ist Station 9 des sehenswerten Frau-Holle-Rundwegs (siehe Ort 39).

41 Die H0lle-Modelleisenbahn

Märchenwelt für Kinder und Erwachsene

Wer in die Welt der Träume und Märchen eintauchen oder noch einmal Kind sein möchte, sollte die von Jürgen Horn erschaffenen Modelleisenbahnlandschaften in Fürstenhagen besuchen. In der 140 Quadratmeter großen Anlage im Tanzsaal der ehemaligen Gaststätte Vock kann man in Gedanken zahllose, mit liebevollen Details ausgearbeitete Landschaften von der See bis ins Hochgebirge bereisen. Ein Badeausflug von Kindern im Fluss, die geheimnisvollen Ecken einer Stadt und das dörfliche Leben, aber auch ein brennendes Haus, Märchenmotive wie Rapunzel und Frau Holle und selbst ein Team des Hessischen Rundfunks bei Dreharbeiten gehören zu den Motiven. Wer weniger Details bestaunen als Überraschungen mag, kann über Aktionstasten die Geschehnisse in der Miniaturwelt mitbestimmen: Was sich in den Welten durch das Drücken der Aktionstaste verändert, ist nicht vorhersehbar.

Wer Jürgen Horns Märklin-Modelleisenbahnanlage in Spur H0 (»Frau-Holle-Wortspiel«) zum ersten Mal erblickt, steht oft sprachlos davor. Zwischen den kunstvoll modellierten Landschaften fahren 28 Züge auf mehr als 2.500 (und 400 Metern) Schienen. Die Größe der Anlage wächst kontinuierlich: Noch immer baut Jürgen Horn jeden Abend an der Bahn. Jürgen Horn gehört zu den größten Sammlern und Konstrukteuren von Modellbahnwelten in Hessen. Bereits als Kind startete die Modellbau-Karriere des gelernten Malers und Lackierers. Der Startpunkt der heutigen Anlage liegt im Dezember 1999, als Horn seine Spur-N-Anlage verkaufte und dafür zwei Märklin-Startpackungen erhielt. Zwischen 2000 und 2005 arbeitete er im Keller fast ununterbrochen an seiner Bahn. Der Großteil der heutigen Anlage entstand in einer Scheune des Nachbarn. 2009 fand der Umzug in die Lentzstraße statt, und im August 2010 wurde die gesamte Anlage montiert.

Adresse H0lle-Modelleisenbahn und Café Märchenstube, Lentzstraße 15, 37235 Hessisch Lichtenau, Tel. 0171/9019705 (Jürgen Horn), www.modellbahnland-heli.de | **Anfahrt** von Hessisch Lichtenau auf Fürstenhagener Straße und Schulstraße nach Fürstenhagen, rechts auf An der Kirche, rechts auf Lentzstraße, der Straße folgen (links und rechts abbiegen) | **Öffnungszeiten** Fr, Sa 14.30–18 Uhr, So 10–18 Uhr | **Tipp** Eine Aufgleisung und Steuerung eigener Züge ist nach Absprache möglich.Bei einem Bummel durch Fürstenhagen kann man eine kleine, ehrwürdige Kirche aus dem Jahr 1489 und die von Linden eingefasste ehemalige Gerichtsstätte des Dorfes entdecken.

42 Das Lenoir-Mausoleum

Die Reste der großen sozialen Stiftung

Wenige Meter neben der Bundesstraße 7 zwischen Fürstenhagen und Hessisch Lichtenau liegt, verborgen hinter Buschwerk, ein idyllischer kleiner Wald mit einem Teich. Etwas oberhalb des Gewässers steht ein beeindruckendes Bauwerk, das Mausoleum der Familie Lenoir. George André Lenoir, ein sehr wohlhabender Chemiker und Physiker, ließ es 1904 bis 1907 für sich, seinen Bruder und seine Eltern, aber auch für Waisenkinder seiner Stiftung errichten. Die Grabstätte ist Eigentum der Stadt Kassel und Rest jener Besitztümer, die die Lenoirs der Stadt als Stiftung übertragen hatten.

Aber der Reihe nach: George André Lenoir, 1825 in Kassel geboren, kam durch Konzessionen für Labore und die Herstellung wissenschaftlicher Instrumente zu einem Millionenvermögen. Seinen Reichtum vermachte er nach und nach der Stadt Kassel, damit diese es in einer Stiftung zum Wohle von Waisenkindern einsetzte (Lenoir-Stiftung). 1892 gab Lenoir mit 6,5 Millionen Goldmark die größte Spende, die bis dahin für wohltätige Zwecke gezahlt worden war. Weil Lenoir in Kassel kein ausreichend großes Grundstück für seine geplanten Waisenhäuser fand, stieß er 1901 auf das Grundstück in Fürstenhagen, das der Ritter von Eschwege aus Geldnot veräußern wollte. Zum Terrain der Stiftung gehörte auch das benachbarte Gut Teichhof, das die 200 Kinder in den drei 1909 eingeweihten Waisenhäusern versorgte. Nach Lenoirs Tod 1909 fielen weitere Besitztümer, zum Beispiel Ländereien bei Meran, der Stiftung zu. Doch im Laufe der Zeit zerbrach das Erbe der Lenoirs, bis nur das Anwesen in Fürstenhagen verblieb. 1969 wurde jedoch auch der Teichhof verkauft, und 1992 gingen die Waisenhäuser, die in den 1980er Jahren geschlossen wurden, an das Land Hessen.

Heute gehört das alte Kinderheim einem Privateigentümer aus Kassel. In den Händen der Stadt verblieb das Mausoleum nebst 4,5 Hektar Land.

Adresse Leipziger Straße 5, 37235 Hessisch Lichtenau, Zugang zum Beispiel von der Lenoirstraße (Parkplatz) | Anfahrt von Hessisch Lichtenau auf Fürstenhagener Straße nach Fürstenhagen, am Ortsrand rechts (Lenoirstraße), dem Fußweg in den Wald (schräg gegenüber dem alten Kinderheim) folgen | Öffnungszeiten Das Mausoleum darf betreten werden, die Tore stehen offen. | Tipp Mausoleum und umliegender Wald werden von Klaus-Dieter Welker, einst selbst Heimkind im Lenoir-Stift, aufopferungsvoll und ehrenamtlich gepflegt. Für eine Besichtigung kann man ihn gern unter Tel. 05602/9188976 kontaktieren.

43 Die Kitzkammer

Katzen, Käuze und eine Prise Magie

Bereits der Wald rund um die Kitzkammer verströmt etwas Geheimnisvolles, Surreales. An seiner Grenze sprudelt ein malerischer Gebirgsbach, hinter dem der Weg sich zu verlieren scheint. Schreitet man jedoch einen der steil bergan führenden Pfade hinauf, trifft man auf eine Schautafel, die am Rande eines wildromantischen, mit einem Geländer eingefassten Steinstufenwegs aufgestellt wurde. An seinem Ende erhebt sich eine beeindruckende Basaltwand aus mehreckigen, waagerecht liegenden Basaltsäulen. Hier trat vor circa fünf Millionen Jahren glühende Lava durch Spalten in der Erdoberfläche aus. Lava, die senkrecht zur Abkühlungsfläche kristallisierte und auf diese Weise quer stehende Säulen bildete. An der Spitze der etwa 20 Meter hohen Wand krallt sich das Wurzelwerk majestätischer, hochgewachsener Bäume in den Fels.

Um die Kitzkammer, einen Hohlraum in diesem Felsgestein, ranken sich viele Geschichten. Nach einer alten Überlieferung soll Wanderern, die an der Kitzkammer auftauchten, Frau Holle als weiße Frau mit einem großen Schlüsselbund erschienen sein. Meist begleitete sie die Wandernden schweigend, bevor sie in der Kitzkammer verschwand. Einem Hirtenjungen aus Hausen soll sie einen goldenen Schlüssel zu ihrem unterirdischen Reich angeboten haben. Doch diesen packte die Angst, und er rannte davon. Im »Volksmährchen vom Meisnerberge«, einem 1819 erschienenen Werk des phantasievollen Geschichtenerzählers Carl Schmieder, wird berichtet, dass Frau Holle zänkische Mädchen in Katzen verwandelte und in der Kitzkammer einsperrte. Schmieders Worte über die Kitzkammer las auch Jacob Grimm. Ihm behagte es nicht, dass die Kitzkammer einst mit Katzen bevölkert gewesen sein sollte, da er die Ableitung des Namens von Eulen (»Käuze«) für treffender hielt. Käuze wie der Waldkauz halten sich gern in Höhlen auf. Die Herkunft des Namens ist aber bis heute nicht geklärt. Wildkatzen und Waldkäuze kamen früher häufig auf dem Meißner vor – Letztere auch heute noch.

Adresse nahe 37235 Hessisch Lichtenau-Hausen, Zugang zum Beispiel vom Wanderparkplatz an der Kaiserstraße | Anfahrt von Eschwege auf B 249 Richtung Niederhone, weiter auf L 3241 Richtung Meißner, durch Abterode bis Vockerode, dort L 3241 folgen (rechts) und weiter bis Hausen (Parkplatz), von dort zu Fuß: Forstweg bergan (Markierung 11), links auf Premiumweg P1 | Tipp Folgt man an der Schnittstelle zum Premiumweg P1 der Markierung 11, gelangt man zu einer bemoosten Basaltblocksteinformation, den Seesteinen. Das »männliche Pendant« zur Kitzkammer, die Kalbe, ist ebenfalls nicht weit entfernt. Dort verhexte nach Schmieders Phantasie Frau Holle böse Buben in Kühe.

44 Der Themenweg Hirschhagen

Die bedrückenden Relikte der Sprengstofffabrik

Ein rußig graues Fundament, schwarze Löcher, die einst Fenster waren, herabgebrochene Steine: Die finstere Ruine an der Daimlerstraße, einst Gebäude 313, ist nur einer von vielen Bauten auf einem Areal, auf dem eine der größten Sprengstofffabriken der NS-Zeit stand. Der schriftliche Auftrag zum Bau der Fabrik in Hirschhagen erging am 17. September 1935. In kürzester Zeit entstand auf einer Fläche von 233 Hektar eine Fabrik mit mehr als 160 Gebäuden aus Stahlbeton oder Stahlbetonrahmen. Zur Tarnung wurden die Bauten weitestgehend an den bestehenden Forstwegen errichtet, meist eingeschossig gehalten, die Flachdächer begrünt und mit Bäumen bepflanzt. Mehr als 50 Prozent der Fabrik entstanden unterirdisch. Zwischen 1936 und 1945 wurden in Hirschhagen circa 142.000 Tonnen Sprengstoff – TNT und Pikrinsäure – hergestellt und verarbeitet. Ein Großteil des produzierten Sprengstoffs wurde vor Ort in Minen und Bomben verfüllt oder zu Sprengladungen verpresst. Das Gebäude 313 diente dabei als Denitrierungsanlage – ein Produktionsschritt im Rahmen der Säureverarbeitung. Wegen der schlechten Transport- und Rohstofflage im Krieg war eine werkseigene Herstellung und Rückgewinnung von Chemikalien von Vorteil.

Nach Kriegsende wurden die meisten Gebäude auf dem Gelände, die unterirdischen Kraftwerke und alle Sprengstofflager zerstört. Später wurde der Standort zu einem »Industriegebiet im Grünen« weiterentwickelt – moderne Industrieanlagen und die Ruinen aus der NS-Zeit stehen heute Seite an Seite. Um an die Zeit der Sprengstofffabrik zu erinnern, richtete man auf dem Gelände einen Themenweg ein. Entlang von Daimler-, Gutenberg-, Borsig- und Liebigstraße kann man sich zu Fuß oder mit dem Auto von Gebäude zu Gebäude (und von Schautafel zu Schautafel) bewegen – und bedrückende Bilder über ein finsteres Kapitel der deutschen Geschichte nach Hause tragen.

Adresse 37235 Hessisch Lichtenau-Hirschhagen, Startpunkt des Themenwegs Dieselstraße 6 (Tafel 1: ehemaliger Haupteingang der Fabrik) | Anfahrt von Hessisch Lichtenau über Leipziger Straße Richtung Helsa, rechts auf Hirschhagener Straße nach Hirschhagen (Dieselstraße) | Tipp Die braun getünchten Schilder des Themenwegs ermöglichen auch mit dem Auto eine gute Orientierung. Eine Führung durch das Gesamtareal der ehemaligen Sprengstofffabrik ist sehr zu empfehlen.

45 Die Hollsteine

Schöne Felsen nach Art der Externsteine

Die prächtigen Zechstein-Dolomit-Felsen im kleinsten Lichtenauer Stadtteil haben schon bei vielen Menschen einen tiefen Eindruck hinterlassen. Auch bei Wilhelm Grimm, einem der beiden berühmten Märchensammler, war dies so. Er besuchte die Hollsteine 1821 und notierte den in der Überschrift zu diesem Text getroffenen Vergleich. Obwohl der Verweis auf die Externsteine im Teutoburger Wald auf den ersten Blick gewagt erscheint – die berühmten Sandsteinfelsen schafften es nach einem Ranking des Unternehmens Skyscanner immerhin auf Platz vier der spektakulärsten Naturwunder in Deutschland –, sind die zwei bis zu fünf Meter hohen Felsen und ein weiterer kleiner Hollstein wegen ihres zerklüfteten Aussehens und ihrer besonderen Position im Gelände – nahe einer Straße stehen sie ohne Bezug zu anderen Felsen oder felsigem Gelände in einer Linie exakt hintereinander – eine Reise wert. Die Reste alter Kunst an den Felsen und die zahllosen Mythen und Geschichten, die die Steine umranken, ziehen ebenfalls viele Menschen an.

Man nimmt heute an, dass die auch als Hollensteine oder Frau-Holle-Steine bezeichneten Steine ein Kultplatz zu Ehren von Frau Holle waren. Am südlichen Felsen lässt sich ein aus dem Stein herausgearbeiteter Löwenkopf entdecken, der aus dem Mittelalter oder noch früheren Zeiten stammt. Löwen und Katzen gehörten zu den Lieblingstieren von Frau Holle beziehungsweise der Göttin Diana. Möglich ist aber auch, dass die Steine auf die sogenannten Hollen hindeuten. Diese kleinen Erdgeister sollen Frau Holle dienstbar gewesen sein und den Alltag der Göttin spürbar erleichtert haben. Einer anderen Überlieferung nach drückten Frau Holle Steine in ihrem Schuh, als sie einst einen Schritt vom Meißner weg machte. Sie schüttelte daraufhin den Schuh mit den Steinen an dieser Stelle aus. Frau Holles Schuhprobleme müssen allerdings für zahlreiche Naturphänomene im Werra-Meißner-Kreis herhalten (siehe Orte 55, 89).

Adresse 37235 Hessisch Lichtenau-Hollstein, Am Chattenberg (oberhalb des Bushäuschens) | **Anfahrt** von Hessisch Lichtenau auf B 7 Richtung Waldkappel, abbiegen nach Hollstein (L 3147), rechts abbiegen auf An der Hollsteine, links in Am Chattenberg, Parkmöglichkeit am Straßenrand | **Tipp** Seit Juni 2018 sind die Hollensteine auch auf einem Wandgemälde am Bushäuschen des Dorfs zu sehen. Gerhard Hilwig, ein Künstler aus Laudenbach, erschuf das knapp vier Quadratmeter große Abbild der Steine in Acryl.

46 Der alte Steintisch

Das einzige Relikt vom Grimm-Gut Glimmerode

Es war einmal ein altes Rittergut, das mindestens seit 1323 an der Straße zwischen Hessisch Lichtenau und Hopfelde stand. Nach dem Gut führten einst die Herren von Grimbolderode ihren Namen, von denen Siegfried von Grimbolderode auch Bürgermeister von Lichtenau war. Das Gut zählte im Laufe der Jahrhunderte viele Besitzer, zu denen bekannte hessische Adelsgeschlechter wie die von Hundelshausen, von Meisenbug, von der Malsburg und Schenk zu Schweinsberg gehörten. Beim Bau des alten Lichtenauer Flugplatzes im Jahr 1936 wurde das Gut um 300 Morgen verkleinert. Der letzte Besitzer, Hermann Kreye, verkaufte das Gut 1962 an die Bundeswehr, da das Gebiet als Übungsgelände benötigt wurde. Im Jahre 1974 wurden die Gebäude abgerissen. Man brachte den alten Steintisch des Gutshofs (mit den zwei dazugehörigen Steinbänken) an die Hopfelder Kirche und installierte am Eingang des abgebrochenen Guts eine Erinnerungstafel aus Stein.

Das Rittergut Glimmerode war ein Ort der Brüder Grimm. Aus Wilhelm Grimms Tagebüchern ist bekannt, dass er zwischen 1817 und 1821 mindestens viermal zum Gut Glimmerode reiste, um dort seinen Freund Otto von der Malsburg und dessen Familie zu besuchen. Zum Leben am herrschaftlichen Hofe gehörten Spaziergänge, Jagdausflüge und freudige Feste. So berichtet Wilhelm Grimm in einem Brief vom 12. Juni 1818 von einer besonderen Geburtstagsfeier auf dem Gut: »… indessen machten wir uns keine Sorgen und fingen gar noch an, nach dem Fortepiano zu tanzen. Da der Damen zu wenig waren, so wurden etlichen von uns hübsche Häubchen aufgesetzt, damit wir als Damen gelten sollten.« In einem Tagebucheintrag von 1822 schreibt Wilhelm von einer Tasse mit einer Zeichnung des Guts, die er als Geschenk erhalten hatte. Der ehemalige Gutshof war für Wilhelm Grimm Ausgangspunkt für Exkursionen zum Hohen Meißner, ins Meißner-Vorland und zu den Hollensteinen.

Adresse 37235 Hessisch Lichtenau-Hopfelde, nahe Dorfkirche (Steintisch), L 3147 zwischen Hessisch Lichtenau und Hopfelde (Erinnerungstafel) | Anfahrt Von Hessisch Lichtenau auf Hopfelder Straße, rechts auf Spangenberger Straße, direkt wieder links auf L 3147 nach Hopfelde. Die Erinnerungstafel steht etwa zwei Kilometer vor dem Dorf (linke Straßenseite, Bushaltepunkt Im Bruchbach). | Tipp In Hopfelde befindet sich neben der kleinen, um 1519 errichteten Dorfkirche auch das Hopfelder Labyrinth: Es wurde dem ältesten christlichen Labyrinth in der Kathedrale von El Asnan nachgebildet.

47__Der Ars-Natura-Weg

Kunst grüßt Bärlauch und Ruine

»Civilized« (Stefan Ester), »(Un)erreichbar« (Simon Stiegeler), »Subway« (Peter Medzech), »Red Sticks« (Dana Widawski) und »Besuch bei Frau H.« von Jürgen Raiber: Das sind die im Wald und am Waldrand aufgestellten Kunstwerke, die man entlang einem 1,8 Kilometer langen Weg zwischen dem Dorf Reichenbach und seiner Burgruine auf dem Schlossberg bestaunen kann. Die fünf Kunstwerke stehen dort seit 2006 und gehören zu 14 Objekten, die die Teilstrecke sieben (»Zauberwälder – Frau Holle«) des Ars-Natura-Wanderwegs bilden. Die Kunstwerke der acht Kilometer langen Teilstrecke befinden sich allesamt auf dem Gebiet von Hessisch Lichtenau und behandeln bevorzugt den Mythos um Frau Holle.

Ars Natura ist ein Projekt, das die Fernwanderwege Barbarossaweg (X8) und Wildbahn (X3) in Mitteldeutschland zu Kunstwanderwegen gestaltet. Projektträger dieser Wege mit inzwischen weit über 300 Kunstwerken ist die Ars-Natura-Stiftung, die die Wanderwege mit Kunstobjekten bestückt. Die Stiftung wurde 2001 von den Künstlern Sandrino Sandinista Sander und Karin Lina Adam gegründet.

Ein besonderes Zubrot auf der kurzen Strecke zwischen dem Dorf und der Ruine Reichenbach sind die zahllosen Bärlauchpflanzen: Auf den Anhöhen und in den Wäldern rund um die Ruine kann man sich im Frühjahr an dem würzigen Duft der beliebten, als Gemüse, Gewürz und Heilkraut verwendeten Pflanze erfreuen. Im April überzieht den Waldboden bei Reichenbach ein weißes Bärlauch-Blütenmeer. Auf dem über einen Waldtreppenweg erreichbaren Bergfried der Ruine lässt sich an den aufgestellten Tischen wunderbar picknicken. Von der erstmals um 1000 nach Christus aufgebauten und später immer wieder zerstörten und wieder errichteten Burg blieben neben dem Bergfried noch Reste der Schildmauer sowie ein kleiner und großer Halsgraben erhalten. Den als Aussichtsturm ausgebauten Bergfried kann man auch besteigen.

Adresse 37235 Hessisch Lichtenau-Reichenbach, zwischen Neumarkt (Dorfausgang) und Burgruine Reichenbach, www.ars-natura-stiftung.de | **Anfahrt** von Hessisch Lichtenau auf B 7 Richtung Waldkappel, rechts auf L 3249 nach Reichenbach, Parkplatz zum Beispiel am Dorfgemeinschaftshaus, Hinter der Mauer 4, von dort zu Fuß links (Gozmarstraße), rechts (Klosterstraße), Neumarkt, nächster Abzweig links, dann rechts | **Tipp** Der gesamte Teilabschnitt 7 und alle anderen durch den Werra-Meißner-Kreis führenden Abschnitte des Ars-Natura-Wegs sind sehr sehenswert.

48 Die Klosterkirche

… und der zauberhafte Hildegard-von-Bingen-Garten

In einem abgeschiedenen Hochtal nahe Hessisch Lichtenau steht auf einer Anhöhe eines Dorfes eine hübsche Kirche, an der man eine schöne Sicht auf die ringsherum liegenden Hügel genießen kann. Es ist ein stiller, friedlicher und besonderer Ort: Die Klosterkirche Reichenbach war die erste bedeutende Niederlassung des Deutschen Ordens in Deutschland. 1207 wurde die kurz zuvor fertiggestellte Basilika mit ihren Nebengebäuden und Nutzungsrechten von der Reichenbach-Ziegenhainer Grafenfamilie dem damals in Deutschland noch kaum bekannten Deutschen Orden geschenkt.

Wer heute die Kirche besucht, kann eine dreischiffige, flachgedeckte Basilika mit einem hohen Kirchenschiff bestaunen. Die beiden Seitenschiffe sind durch Arkaden mit Rundbögen vom Mittelschiff getrennt. Im Osten endet die Kirche in ungewöhnlicher Form: Chor, Apsis und ein Querschiff wurden in der zweiten Hälfte des 18. Jahrhunderts wegen Baufälligkeit abgebrochen und später eingeebnet. Die im 12. Jahrhundert errichtete Klosterkirche ist nicht die erste Kirche an diesem Platz. Bei Ausgrabungen durch Mitarbeiter des christlich-archäologischen Seminars der Universität Marburg wurden in den 1970er Jahren Reste von Vorgängerkirchen entdeckt, die bis in das 9. Jahrhundert zurückreichen.

Im Rahmen einer Dorferneuerung entstand vor wenigen Jahren neben der Kirche ein wunderschöner Heilkräutergarten. Der liebevoll angelegte und gepflegte Klostergarten besitzt sechs Hochbeete und widmet sich der Heilkunde der Hildegard von Bingen. Sie war eine der berühmtesten Frauen des Mittelalters, Universalgelehrte, Schriftstellerin, Wissenschaftlerin, Äbtissin und Benediktinerin. Neben einigen ihrer Heilkräuter stehen im Garten auch Schautafeln, auf denen unter anderem Auszüge aus ihrem Werk »Physica«, einer Schrift über die Eigenschaften und Wirkungen von Kräutern, Bäumen, Edelsteinen, Tieren und Metallen, nachzulesen sind.

Adresse Klosterkirche Reichenbach, Klosterstraße 2, 37235 Hessisch Lichtenau-Reichenbach | **Anfahrt** von Hessisch Lichtenau auf B 7 Richtung Waldkappel, rechts auf L 3249 nach Reichenbach, Parkplätze im Dorf | **Tipp** Auf dem Premiumweg P10 (12,5 Kilometer) kann man die Hügellandschaft rund um Reichenbach erkunden. Der Rundweg führt an den Großen Steinen, einem der größten Dolomitfelsen Nordhessens, vorbei. Der Sage nach sollen die Steine von einem Riesen in die Reichenbacher Gegend geworfen worden sein.

49 Am Hohestein

Herrliche Aussichtspfade in der Hessischen Schweiz

Weit schweift der Blick am oberen Kalkklippen-Rand. Vor den steil abfallenden Felsen erhebt sich auf einem Hügel in 400 Meter Luftlinie Entfernung (und 200 Meter tiefer) Schloss Rothestein. Leider wird das wunderschöne Schloss seit Längerem nicht mehr bewirtschaftet. Hinter den bewaldeten Bergen blickt man auf das meist in einen leichten Nebel getauchte Werratal bei Bad Sooden-Allendorf, dahinter lassen sich bis zum Horizont die Hügelketten der Werratalberge und des nordosthessischen Berglands bestaunen. Der 569 Meter hohe Hohestein gehört zu den schönsten Aussichtspunkten im Werra-Meißner-Kreis. Er ist die höchste Erhebung der Gobert, eines felsigen und bewaldeten Muschelkalk-Höhenzugs an der Grenze zwischen Hessen und Thüringen, und Teil eines der größten Bergsturzgebiete Deutschlands, der Hessischen Schweiz.

Ein unvergesslicher Rundweg, auf dem sich entlang der schroffen Kalkklippen der Gobert immer wieder spektakuläre Aussichten ergeben, beginnt im Bergdörfchen Hitzelrode und führt unterhalb des Dorfs auf dem Premiumweg P4 in den Wald. Durch das Lange Tal, einen abgeschiedenen Wald mit hochgewachsenen Bäumen auf steilen Hängen, erreicht man rasch das Höhenplateau. Folgt man P4 nach links, passiert man geschichtsträchtige, aussichtsreiche Orte: die Salzfrau, einen ehemaligen Rastort der Salzträgerinnen, das Pferdeloch und den mystischen Wolfstisch. Folgt man wenig später der Variante P4, verläuft der Weg eine Weile auf dem ehemaligen Kolonnenweg der DDR (Grünes Band), also in unmittelbarer Nähe der einst deutsch-deutschen Grenze. Durch Gräser auf verwunschenem Pfad geht es wieder zum Weg P4 und auf diesem zu den wunderschönen Aussichtspunkten Schöne Aussicht, Hohestein und Hohe Bahn. An der Hohen Bahn mit ihrem beeindruckenden Kalkbuchenwald verlässt man P4, wendet sich zweimal nach links und folgt in einem lauschigen Wald dem nach Hitzelrode hinabführenden Weg 3.

Adresse nahe 37276 Meinhard-Hitzelrode, Zugang vom Gobertring (Wanderparkplatz Premiumweg P4, Hessische Schweiz) | Anfahrt Von Eschwege (Thüringer Straße) rechts auf L 3403 nach Hitzelrode, der Parkplatz liegt linker Hand in einer Kurve. Von dort zu Fuß der Hauptstraße noch einige Meter folgen, dann biegt P4 links in den Wald. | Tipp Auf dem Grünen Band lohnt ein Abstecher zum Antennenhäuschen (Beschilderung), einer thüringischen, liebevoll bewirtschafteten Raststation, die aus einer anderen Zeit zu stammen scheint. Sie war früher eine Funkstation.

50 Der Jestädter Weinberg

Kleine Schönheiten zwischen Jestädt und Albungen

Wer Jestädt in Richtung Westen verlässt, betritt am Rande eines Waldgebiets eine bezaubernde Landschaft mit Wiesen und Feldern. Entlang dem Jestädter Naturweg zwischen Jestädt und Albungen lässt sich viel Schönes und Besonderes entdecken. Begleitet wird der Wanderer auf seiner Strecke zur Linken stets von der Werra – auch wenn sie sich manchmal in den Feldern versteckt. Hinter dem Ortsausgang von Jestädt säumen Gärten und eine Sonnenblumenwiese den Weg. Die linker Hand stehenden Apfelbäume tragen wohlschmeckende Früchte. Wenige Meter weiter taucht rechter Hand ein lang gestreckter, meist steil ansteigender Berghang auf. Es ist der Jestädter Weinberg. Auf dem sonnenexponierten Gelände wurde vor über 100 Jahren noch Wein angebaut. Der Hang ist bespickt mit Felsblöcken unterschiedlicher Größe, Buschwerk, Blumen und Gräsern, hier und da haben Kirschbäume Halt auf dem Gelände gefunden. Schaut man sich den Bewuchs und die Tierwelt genauer an, findet man die typischen Bewohner eines Weinbergs: die Echte Hauswurz, die deutsche Schwertlilie, die Weinraute und den Ysop. Sie wurden damals auf dem Jestädter Weinberg gepflanzt. Auch Weinbergschnecken, Blindschleichen, Zauneidechsen und sogar Uhus sind hier zu finden: 1983 gelang die Wiederansiedlung des Uhus im Werra-Meißner-Kreis zunächst am Jestädter Weinberg.

Weiter in Richtung Westen gehen die Hänge des Weinbergs allmählich in die Abhänge des Fürstensteins über. Diese Hänge sind zum Teil sehr steil und karg, man kann nahe am Weg höhlenartig gewölbte Felsen und auf den höher liegenden Wiesen einige Huteeichen erkennen – sie sind Zeugen der ehemaligen Beweidung des zu Beginn des 20. Jahrhunderts noch völlig waldfreien Gebiets. Am Ende des Wegs kann man mit etwas Glück an der Werra sogar Kormorane erblicken: 2019 brütete der stolze Vogel nahe Albungen zum ersten Mal im Werra-Meißner-Kreis.

Adresse 37276 Meinhard-Jestädt | Anfahrt von Eschwege über Thüringer Straße, bei Niederhone rechts auf L 3403 nach Jestädt | Tipp Am Ende des drei Kilometer langen Wegs kann man sich im Biergarten des Werraside Inn bei Kuchen und Getränken ausruhen (Burgstraße 5, 37269 Eschwege-Albungen). Von dort geht es entweder zu Fuß oder mit öffentlichen Verkehrsmitteln zurück nach Jestädt (Bus 220 bis Eschwege Bahnhof, von dort mit dem Bus 235 nach Jestädt – Abfahrtzeiten beachten!).

51 Das Wiegand'sche Haus

Der älteste Bauernhof im Werra-Meißner-Kreis

Wer zum ersten Mal das schöne Dörfchen Jestädt unweit von Eschwege besucht, dem wird zunächst der hübsche Anger in der Dorfmitte ins Auge fallen. Er ist mehr als 500 Jahre alt und wird von einer niedrigen Mauer, Sitzbänken und Schatten spendenden Bäumen eingefasst; in der Mitte steht ein geschmückter Steintisch. Wie viele andere Anger diente auch der Jestädter Anger früher nicht nur als Versammlungsort, sondern auch als Kirchweihfestplatz und Pranger. Sogar Todesurteile wurden hier vollstreckt. Die Häuser rund um den Anger wurden, mit einer Ausnahme, zwischen 1640 und 1720 im Fachwerkstil errichtet und teilweise später verputzt. Wesentlich älter ist nur das Wiegand'sche Haus, das gegenüber dem Anger am südlichen Ortsausgang in Richtung Niederhone steht: Es wurde 1586 erbaut und ist damit der älteste datierte Bauernhof im Werra-Meißner-Kreis. (Die Zahl 1586 befindet sich über der Eingangstür an der Stelle zum Obergeschoss.)

Beim Anblick des hübsch herausgeputzten Gehöfts lässt sich sein tatsächliches Alter allerdings kaum erahnen. Der älteste bekannte Besitzer des Anwesens war die Familie Reiffurth: Als Besitzer verzeichnet ist um 1750 der Bauer und Gastwirt Jakob Reiffurth. In den 1820er Jahren führte Christoph Felmeden im Haus die Wirtschaft »Zum Roten Kreutz«, zu Beginn des 20. Jahrhunderts waren Karl Wiegand und seine Frau die letzten Besitzer des Anwesens (Wiegand'sches Haus).

Wegen des geplanten Straßenausbaus wurde der Hof Ende der 1970er Jahre zum Abriss an die Straßenbaubehörde verkauft. Durch ein entschlossenes Vorgehen des Ortsbeirats wurde der Abriss verhindert. Kurz darauf wurde das Anwesen in den Denkmalschutzkalender des Landes Hessen aufgenommen und aus diesem an den Jestädter Ulrich Mantel verkauft. Nach umfangreichen Renovierungen gehört das alte Gebäude mit der alten Hausnummer 19 nun seiner Tochter Stefanie.

Adresse Am Anger (L 3403)/Ecke Hauptstraße, 37276 Meinhard-Jestädt | **Anfahrt** von Eschwege über Thüringer Straße, bei Niederhone rechts auf L 3403 nach Jestädt | **Tipp** Auf der dem Gehöft gegenüberliegenden Straßenseite kann man Werke des Metallkünstlers Ernst Hölzerkopf bestaunen, die er in der angrenzenden Fabrikhalle herstellt (Am Anger/Ecke Am Kirchrain).

52 Der Wolfsbrunnen

Die verlorene Seele am Schloss

Auf Schloss Wolfsbrunnen gibt es zwei Welten, wie sie verschiedener nicht sein könnten: Im verwunschenen Schlosspark, durch den sich verschlungene Pfade ziehen, lockt die Welt der Magie. Dort ist es still, nur die Kobolde bewerfen die Besucher mit raschelnden Blättern. Im prächtigen Schloss hingegen herrscht das emsige Treiben eines Hotelbetriebs. Das um 1905 von Anton Karst aus Kassel errichtete Schloss blickt auf eine bunte Vergangenheit zurück. Im Zweiten Weltkrieg diente es hauptsächlich als Lazarett, später war es bis Mitte der 1950er Jahre ein Kurheim für Heimkehrer und Versehrte, danach eine Arbeitsstätte des Bundesgrenzschutzes. Nach mehreren Verkäufen wurde das Schloss Anfang der 1980er Jahre zum spirituellen Zentrum der Sannyasins, der Anhänger von Osho (früher Bhagwan), erkoren.

Wer heute im noblen Vier-Sterne-Hotel diniert, passiert mit dem Auto den Park und schreitet meist schnurstracks in das Restaurant. Damit übersieht man aber nicht nur den Zauber des Parks, sondern auch den wenige Meter abseits des Haupteingangs stehenden Brunnen mit dem Kopf eines Wolfs – er gab dem Schloss seinen Namen. Man sagt, dass einst Wölfe zum Wolfsbrunnen kamen, um ihren Durst zu stillen. Da die Wälder reich an Wild waren, hatten sich die Wölfe zum gegenseitigen Schutz mit den Bauern arrangiert. Am Tage führten die Bauern ihr Vieh zur Tränke, ohne angegriffen zu werden. Die Wölfe hielten sogar fremde Raubtiere vom Brunnen fern. Bei Nacht tranken die Wölfe und wurden von den Bauern nicht gejagt. Doch eines Nachts ging ein junger Heißsporn auf die Jagd – und erlegte einen greisen Wolf, der sich über den Brunnenrand legen wollte. Da verließen alle Wölfe die Region und kehrten ob des Treuebruchs nie zurück. Der alte Wolf indes hatte am Wolfsbrunnen seine Seele verloren. Zum Gedenken wurde der Brunnen mit einem bronzenen Wolfskopf geschmückt.

Adresse Schloss Wolfsbrunnen, Am Berg 1, 37276 Meinhard-Schwebda, www.schlosshotel-wolfsbrunnen.de | Anfahrt von Eschwege auf B 249 Richtung Wanfried bis Schwebda, im Ort den Hinweisschildern zum Schloss folgen | Tipp Zur magischen Welt des Schlossparks gehört auch eine nostalgische Parkbrücke, über die der Hotelgast dem Schloss entgegensteuert. Sie ist vom Auto aus nicht zu sehen.

53 Der Hasentisch

Wo pfiffige Langohren Skat spielten

Im Werra-Meißner-Kreis hoppeln auf jedem Quadratkilometer durchschnittlich acht bis neun Hasen herum. Diese Zahl liegt unter dem hessischen Durchschnitt und ist, wie überall in Deutschland, weitaus kleiner als noch vor einigen Jahrzehnten. Dass Meister Lampe einst jedoch häufig im Kreise weilte, ist an den zahlreichen Relikten seiner vergangenen Wirkungsstätten zu erkennen. Oder besser gesagt an jenen verbliebenen Orten, die der Mensch in Sagen und Legenden mit dem Hasen in Verbindung bringt.

Neben der Hasenkanzel bei Witzenhausen (siehe Ort 109) gehört auch der am malerischen Kupferbach stehende Hasentisch zu den sagenhaften Langohr-Orten.

Der Name des alten Tisches, zu dem auch eine Sitzreihe aus gipshaltigem Gestein gehört, ist einem Pfarrer geschuldet. Er erzählte den im Höllental spielenden Kindern, dass an diesem Tisch die Hasen Skat spielen. Der Name des Pfarrers, die Zeit seines Wirkens und die Herkunft seines »Wissens« sind unbekannt. Man weiß jedoch, dass der Tisch noch vor einigen Jahrzehnten den im Höllental arbeitenden Bergleuten aus der Grube Gustav – heute ein Schaubergwerk – als Pausen- und Rückzugsort diente. Bis vor 50 Jahren war der Hasentisch zudem ein beliebtes Ausflugsziel. Nach Einstellung des Bergbaus in den 1970er Jahren wurden Tisch und Sitzreihe von Pflanzen überwuchert und verschwanden aus dem Bewusstsein der Menschen.

Erst 2016 förderten Bernd Füllgrabe, der Vorsitzende des Heimatvereins Abterode, und seine Mitarbeiter den hinter Schlehen, Holunder, Birken und Brombeeren verborgenen Tisch wieder zutage. Zu diesem Zeitpunkt war der Hasentisch auf keiner Karte verzeichnet. Die Besichtigung des Hasentisches sollte man unbedingt mit einem Spaziergang durch das heimelige Kupferbachtal verbinden (an der Grube Gustav beginnender Pfad). Das Tal ist einer der wenigen Orte im Werra-Meißner-Kreis, an dem man die giftige Kreuzotter aufspüren kann.

Adresse nahe Grube Gustav, Kupfergasse 19c, 37290 Meißner-Abterode. Der Tisch steht am Kupferbach gegenüber dem Parkplatz Grube Gustav. | Anfahrt von Eschwege auf B 249 Richtung Bad Sooden-Allendorf / Göttingen, links Richtung Frankenhain / Frankershausen (L 3242), links abbiegen zur Grube Gustav (L 3335) | Tipp Das Kupferbachtal, die Grube Gustav und das Gasthaus Höllental liegen nur wenige Schritte entfernt. Auch der Premiumweg P23, der in herrlicher Landschaft zahlreiche Sagenorte streift, führt direkt am Hasentisch vorbei.

54 Der StoppOmat

Die Bergzeitmessung für fitte Radler

Der farbenfrohe Automat mit der sonderbaren Aufschrift erntet oft verwunderte Blicke. Doch spätestens nach Durchsicht der am Apparat angebrachten Gebrauchsanweisung strahlen die Gesichter, und selbst so manche Couch-Potato startet begeistert ihre Dehnübungen. Der StoppOmat in Abterode ist eine von inzwischen etwa 25 fest installierten Zeitmessanlagen für Radfahrer in Deutschland. Solche Apparaturen dienen der Bergzeitmessung über eine definierte Distanz, auf der man seine eigene Fitness mit der von anderen Radlern vergleichen kann.

Weniger geübte Hobbyfahrer brauchen schon ein kleines Training, um die 7,8 Kilometer lange Distanz zwischen Abterode und dem Hohen Meißner zu bewerkstelligen. Denn die reizvolle Strecke hat es in sich: 450 Höhenmeter mit einer durchschnittlichen Steigung von sechs Prozent müssen zwischen dem StoppOmaten und dem Meißner-Plateau überwunden werden – die maximale Steigung beträgt sogar 25 Prozent! Als Lohn für die Mühen wird einem auf dem höchsten Berg Nordosthessens neben dem Leistungsnachweis auch eine wunderschöne Aussicht auf das Werratal geschenkt. Um in den Genuss der Bergzeitmessung zu kommen, zieht man am StoppOmaten kostenfrei eine Karte, auf der die Abfahrtszeit vermerkt ist. An der Zielstation am Parkplatz auf dem Meißner wird diese mit einem Ankunftsstempel versehen – die Karte wirft der Radler dann in einen dafür vorgesehenen Kasten. Die Daten werden ausgewertet und können auf der Webseite www.stoppOmat.de abgerufen werden.

Die Idee des StoppOmaten geht auf Vereinsmitglieder des RSV Seerose, einem Radsportverein im fernen Friedrichshafen, zurück. Nach langer Tüftelei und Überwindung vieler Widrigkeiten installierten die kreativen Bodenseeradler auf ihrem Hausberg, dem Höchsten, im März 2006 die erste feste Zeitmessanlage. Von dort aus eroberte die Bergzeitmessung für Radler auf leisen Sohlen die deutsche Mittelgebirgswelt.

Adresse 37290 Meißner-Abterode, nahe Ortsmitte an der L 3241 | **Anfahrt** von Eschwege auf B 249, weiter auf L 3241 bis Abterode | **Tipp** Die Route kann auch joggend oder gehend absolviert werden. Achtung: Die Stoppuhren der Zeitfahrmessanlage sind nur von April bis Oktober in Betrieb.

55_Wehrkirche und Bär

Böse Piraten, liebende Riesen

Halb verfallen auf einem Hügel steht sie da, oft lasten die schweren Wassertropfen des Nebels in den Gemäuern. Die Wehrkirche von Abterode, im Volksmund auch Totenkirche, ist ein Wonneort für traurige Romantiker, Grenzgänger und depressive Magier. Nach Meinung von Schamanen sollen an diesem mystischen Platz dunkle Energien übervoll zu fühlen sein.

Die Abteroder Totenkirche wurde vermutlich im 14. Jahrhundert erbaut. Ein Kirchendach gibt es nicht mehr, stattdessen wachsen Bäume im alten Kirchenschiff. Ein Wanderweg führt durch die Kirche, dem alten Steinaltar werden düstere Geschichten angehängt. Seit 1809 soll die Kirche eine Ruine sein. Piraten sollen sie mehrfach geplündert und sogar Menschenopfer zurückgelassen haben. Um den frühgotischen Bau herum soll sich einst eine Siedlung gruppiert haben, möglicherweise war das Gotteshaus aber auch eine Wallfahrtskirche außerhalb des historischen Orts. An der Kirche stehen verstreut verwitterte Grabsteine. Sie stammen aus dem 17. bis 19. Jahrhundert und gehörten vermutlich zum Kirchhof.

Wenige Meter von der Wehrkirche entfernt steht ein von Mythen umrankter Zechsteinfelsen, der erstmals 1737 in einer Steuertabelle schriftlich erwähnte Todtstein oder Abteroder Bär. Er gilt als klassischer Frau-Holle-Ort und wird mit der typischen Schuh-Problematik der Göttin (siehe Orte 45, 89) in Verbindung gebracht. Möglicherweise wurde er von Frau Holle aber auch auf ihrem Daumen vom Meißner dorthin getragen. Eine weitere Geschichte erzählt von zwei Riesen, die Frau Holle treulich dienten. Als die sich innig liebenden Giganten ihre schwindenden Kräfte spürten und fürchteten, dass sie nach ihrem Tod getrennt würden, half Frau Holle, indem sie den Mann in einen Fels in Form eines Bären und die Frau in eine Linde verwandelte, die 100 Schritte entfernt wuchs, bis ein Blitz sie traf. So sollten sich beide am Jüngsten Tage wiederfinden, und ihre Liebe voller Hoffnung auf die Zukunft sein.

Adresse 37290 Meißner-Abterode, Ortsausgang Richtung Eschwege, Zugang vom Parkplatz am Steinweg (L 3241, nahe Wichtelstraße) | **Anfahrt** von Eschwege auf B 249, weiter geradeaus auf L 3241 bis zum Ortseingang Abterode, Parkplatz linker Hand | **Tipp** Sehr sehenswert ist die ehemalige Synagoge, deren frei stehender neuromanischer Bau 1870 errichtet wurde (Vorderweg 1). Im November 2019 wurde dort ein Lern- und Gedenkort zum jüdischen Leben in der Region eröffnet (Besichtigung nur für Gruppen).

56 Der Verweilgarten

Der leise Ort am Kloster – auch zur Mohnblütenzeit

Das idyllisch am Fuße des Hohen Meißners gelegene Dorf Germerode ist eigentlich ein stiller, beschaulicher Platz. Nur einmal im Jahr, zur Zeit der Mohnblüte, strömen von nah und fern Scharen an Touristen herbei, um sich auf den Mohnfeldern an den satten Farben des Schlafmohns zu erfreuen. Aber auch dann gibt es in und rund um den 1186 erstmals urkundlich erwähnten Ort ruhige Plätze, an denen man stundenlang träumen und verweilen kann. Einer der schönsten ist zweifellos der Verweilgarten neben dem prächtigen Prämonstratenser-Doppelkloster, das zu den bedeutendsten Bauwerken Nordhessens zählt. Es wurde 1144/45 von den Grafen von Bilstein als Hauskloster und Stift für die Angehörigen des hessischen niederen Adels gegründet. Mit der Reformation wurde das Kloster 1527 aufgelöst und in ein hessisches Staatsgut umgewandelt.

Der Verweilgarten wurde 2005 vom Heimatverein Germerode, der bis heute Träger des Gartens ist, angelegt und seitdem von ehrenamtlichen Helferinnen und Helfern gepflegt, bepflanzt und stetig verändert. Die Gestaltung des heimeligen Gartens ist an mittelalterliche Klostergärten und klassische persische Gärten angelehnt. Er enthält Symbolpflanzen der Maria und Walburga (Frau Holle), denen das Kloster ursprünglich geweiht war. Aus den Nischen der Fenster des Refektoriums – einst der Speiseraum des Klosters, heute ein Ausstellungsraum – blicken die Augen außergewöhnlicher Skulpturen in den Garten. Die in schweißtreibenden Bildhauerinnenstunden entstandenen Kunstwerke zeigen das Mädchen Maria, die Mutter Maria und die alte Maria (Trilogie der Skulpturen).

Der Verweilgarten ist zu jeder Jahreszeit und selbst bei wildem Wetter ein Erlebnis: Bei Sturm und Regen lässt sich in dem etwas oberhalb des Klosters liegenden Garten eindrucksvoll beobachten, wie der Wind die Tropfen über die Felder und Wiesen der umliegenden Berghänge peitscht.

Adresse Klosters Germerode, Klosterfreiheit 34, 37290 Meißner-Germerode, www.kloster-germerode.de | **Anfahrt** von Eschwege auf B 249, L 3241, L 3243 und Abteröder Straße nach Germerode, dort rechts (Neuer Weg), links (Klosterfreiheit), Parkplätze an der Straße oder am Wanderparkplatz an der Klosterfreiheit | **Tipp** Im Dorfladen kann man ganzjährig köstliche Mohnspezialitäten (und vieles mehr) erstehen (Neuer Weg 2, wechselnde Öffnungszeiten beachten).

57 Das Waldwichtelhaus

… im Bergwildpark – das Museum im Kinderparadies

Der 50 Jahre alte Bergwildpark bei Germerode ist ein wahres Eldorado für Kinder und ihre Eltern. Vor allem vom großen Abenteuerspielplatz direkt hinter dem Eingang können sich junge Besucher nur ungern trennen. Besonders beliebt ist ein zwei Tonnen schwerer Kletterfelsen, der 2019 mit Unterstützung der VR-Bank Werra-Meißner und privater Spenden beschafft wurde, ein Spiel-Lkw und der kürzlich errichtete Fahrzeug-Parcours: Hier können kleine Leute auf Elektroautos und Scootern, gesichert mit Fahrradhelmen, ihre Fahrkünste zeigen.

Der eigentliche Wildpark beginnt hinter einem Zaun mit einem waldigen Freigehege, in dem man mit vorwitzigem Rotwild in hautnahen Kontakt treten kann. Aber auch Damwild, Rehe und Mufflons laufen frei umher. In dem lauschigen Wald, zu dem auch heimelige Teiche gehören, lassen sich viele ruhige Wege finden. In Gehegen und Volieren fühlen sich Wildschweine, Esel, Waschbären, Kaninchen und Vögel zu Hause, auf einer großen Lichtung grasen die Alpakas. Auch die Steinbockfamilie hat ein schönes Gehege. Neu ist ein begehbarer Hühnerhof, der auf dem Gelände der 2013 geschlossenen Falknerei errichtet wurde. Er soll vor allem den Kleinen zeigen, wie ein naturnaher Hühnerhof aussehen kann.

Das Waldwichtelhaus ist ein vergleichsweise wenig beachteter Holzbau nahe dem Eingang. In dem seit April 1999 geöffneten Museum »zum Anfassen« kann man, liebevoll und kindgerecht aufbereitet, Wissenswertes zum Thema Wald und zum Bergbau am Hohen Meißner erfahren. So wird zum Beispiel die Nahrungskette in Form einer bewegbaren Pyramide dargestellt, in der jeder Baustein ein Holztier ist. Ausgestopfte heimische Wildtiere, Schädelknochen und Geweihe findet man ebenfalls im Museum, zum Thema Bergbau kann man altes Bergmannsgeleucht wie Ölfrösche und Karbidlampen bestaunen. Durch das Erlebnismuseum führt der eigens für die Darstellung des Ortes erfundene Waldwichtel.

Adresse Bergwildpark Meißner, Am Wildpark 1, 37290 Meißner-Germerode, Tel. 05657/7591, www.bergwildpark-meissner.de | **Anfahrt** von Eschwege auf B 249, L 3241, L 3243 und Abteröder Straße nach Germerode, dort rechts (Neuer Weg), links (Klosterfreiheit), weiter auf L 3334, rechts auf Wildpark | **Öffnungszeiten** April–Okt. täglich 10–18 Uhr, Nov.–März Sa, So 10–17 Uhr | **Tipp** Am Bergwildpark endet der drei Kilometer lange Trinkwasser-Wanderweg, auf dem man an acht Stationen allerlei Wissenswertes zur Bedeutung des Wassers erfährt.

58 Auf der Halde

Bergbau-Erinnerungen am Knappenpfad

Das Terrain rund um Haus Halde (Foto unten) ist heute ein heimeliger, beschaulicher Ort. Ein Bächlein plätschert munter dahin, unter einem hochgewachsenen Nadelbaum laden ein Tisch und Bänke zum Verweilen ein. Aber schon die Infotafel und die vielen Entdeckungen, die man in unmittelbarer Nähe des Hauses machen kann, verraten, dass dies in Bergbau-Zeiten am Meißner ein geschäftiger Platz war. Die Häuser auf der Halde, zu denen auch das verbliebene Haus Halde zählt, gehörten zum Bergbaudorf Schwalbenthal und dienten der Bergbauverwaltung, den Bergbeamten und Handwerkern als Wohnraum. Am Haus Halde mündet der bis 1888 betriebene Schwalbenthaler Erbstollen, in dem bis 700 Meter weit in das Bergmassiv hinein nach Kohle gegraben wurde. Um diesen Stollen zu belüften, wurde 60 Meter höher ein weiterer Stollen (Carlsstollen) in den Berg getrieben, der durch einen Lüftungsschacht mit dem Erbstollen verbunden war. Schaut man vor dem Erbstollen linker Hand den Berghang hinauf, erblickt man den Verlauf des ehemaligen Schwalbenthaler Wasserfalls. Das früher in die Tiefe stürzende Grubenwasser aus dem Carlsstollen war noch vor 100 Jahren ein beliebtes Ausflugsziel und wurde auch von Wilhelm Grimm auf einer seiner Meißnerreisen besucht. »Um 9 Uhr auf einem Leiterwagen nach dem Meißner. Wir besahen dort vor dem Essen den Stollen und einen Wasserfall (Halde)«, vermerkte Grimm am 22. Juli 1821 in seinem Gedenkbuch.

Ein besonders schöner Weg, um in die Bergbauzeit am Hohen Meißner einzutauchen, ist der knapp zwei Kilometer lange Knappenpfad. Dieser Rundweg startet am Parkplatz Schwalbenthal und führt zu den beschriebenen Orten und anderen historischen Plätzen. Das am Parkplatz stehende Haus Schwalbenthal (Foto oben) war einst das alte Bergamt und wurde später als Wirtshaus genutzt. Seit einem Erdrutsch, der einen immensen Schaden in der Küche des Betriebs anrichtete, ist das beliebte Gasthaus geschlossen.

Adresse nahe Parkplatz Schwalbenthal an der Kreuzung von L 3241 und L 3242, Skiheim 1, 37290 Meißner-Vockerode | **Anfahrt** von Eschwege auf B 249 Richtung Niederhone, weiter auf L 3241 Richtung Meißner, durch Abterode bis Vockerode, dort L 3241 folgen (rechts) | **Tipp** Auf dem Parkplatz Schwalbenthal kann man eine wundervolle Aussicht auf das Meißner-Vorland bis nach Eschwege genießen. Auch der Frau-Holle-Teich ist nicht weit (auf L 3242 Richtung Bad Sooden-Allendorff ein Kilometer).

59 Die Frau-Holle-Statuen

… am Frau-Holle-Teich: ein Gewässer voller Sagen

Kaum einem anderen Ort in Deutschland werden so viele Sagen zugeschrieben wie dem Frau-Holle-Teich im Werra-Meißner-Kreis. Der mythenumrankte, idyllisch gelegene Teich gilt als Zentrum der Frau-Holle-Mythologie: Hier lässt Frau Holle als Göttin alten Überlieferungen nach das Leben beginnen und die Seelen der Verstorbenen verschwinden. In den zwölf Raunächten soll sie an der Spitze der wilden Jagd an Wotans / Odins Seite die Seelen der Verstorbenen des vergangenen Jahres unter den Teich begleiten. Der Teich selbst, auf dessen Grund ihr silbernes Schloss steht, soll der Eingang zu ihrem unterirdischen Reich sein. Man sagt, dass Sonntagskinder am Teichgrund Frau Holles Glockengeläut hören. Auch das grimmsche Holle-Märchen von Goldmarie und Pechmarie soll am Frau-Holle-Teich seinen Ursprung haben.

Zahllose Persönlichkeiten, beispielsweise die Brüder Grimm und der Freiherr von Münchhausen, machten sich über den Teich, das Wirken der Göttin Holle an diesem Ort und über die eigentümliche Atmosphäre des Platzes ihre Gedanken. Fest steht, dass die Umgebung des Teichs schon lange ein wichtiger Treffpunkt war. So wurden dort Feuersteingeräte aus der Steinzeit und sogar Golddukaten aus der Zeit des römischen Kaisers Domitian (81–96 nach Christus) entdeckt.

Viel Aufregung entfachte die übermannshohe Holzstatue am Rande des Teichs, die vom Witzenhäuser Künstler Viktor Donhauser erschaffen und 2004 aufgestellt wurde. Die Statue, die Frau Holle entsprechend ihrer Erscheinung in Sagen als schöne Frau dargestellt, wurde wegen ihrer weiblichen Oberweite oft kritisiert und sogar teilweise zerstört. Ruhiger wurde es erst um sie, als der Künstler seiner Statue ein Kissen in die Hand gab, womit auch der Bettwäsche ausschüttenden Frau Holle aus dem Märchen Rechnung getragen wurde. Die wesentlich kleinere Frau-Holle-Statue am steiler aufsteigenden Teichrand wird hingegen kaum beachtet.

Adresse westlich von 37290 Meißner-Vockerode, Parkplatz direkt am Teich | **Anfahrt** von Eschwege auf B 249 Richtung Niederhone, weiter auf L 3241 Richtung Meißner, durch Abterode bis Vockerode, dort L 3241 folgen (rechts), danach wieder rechts auf L 3242 zum Frau-Holle-Teich | **Tipp** Besonders schön ist der Frau-Holle-Teich, wenn dort nur wenige Menschen sind (vormittags an Werktagen). Der mystische Teich ist Ausgangspunkt für viele Wanderungen (zum Beispiel auf die Kalbe).

60 Vom Eulenstieg zur Kalbe

Auf wildem Pfad zur schönsten Meißner-Aussicht

35, 60, 95, 96 und 168: Diese (be-)merkenswerten Zahlen begleiten den Wanderer auf dem 500 Meter langen, wildromantischen Eulenstieg. Der Lehrpfad, bestickt mit Steinen, Moosen und schillernden Insekten, startet nahe dem Frau-Holle-Teich an einem Kunstwerk wie aus einer Märchenwelt – es zeigt eine stilisierte Eule mit einem Fuchs – und schraubt sich im dichten Wald entlang eines Bachbetts in die Höhe. Auf der ersten Informationstafel ist er dann zu bewundern: der Sperlingskauz, ein winziger Greifvogel mit einer Flügelspannweite von 35 Zentimetern. Er ist einer von fünf Eulenarten, die auf dem Hohen Meißner leben. Die anderen vier, Raufußkauz, Waldohreule, Waldkauz und Uhu, mit 60, 95, 96 und mächtigen 168 Zentimeter Spannweite werden auf den anderen Tafeln vorgestellt. Der mit Abstand häufigste Eulenvogel auf dem Meißner ist der Waldkauz. Das berühmte »Huuh« des Männchens und das »Ki-wik« des Weibchens lassen sich auf dem Eulenstieg und im gesamten Meißner-Gebiet erlauschen.

Der Eulenstieg endet an einem breiteren Waldweg, dort folgt man dem Schild »Aussichtspunkt Kalbe 900 Meter« nach links. Wenige Gehminuten später erreicht man den Aussichtspunkt oberhalb des Kalbesees, der durch den einstigen Braunkohleabbau entstand. Er ist ringsum von imposanten Basaltblöcken umgeben. Dort führt der Weg linker Hand zur Kalbe hinauf. Die Kalbe ist mit 720 Metern die dritthöchste Erhebung des Hohen Meißners (nach der Kasseler Kuppe und dem Kasseler Stein) und Überbleibsel eines gigantischen Lavastroms (Blockhalde). Einer Überlieferung zufolge verwandelte Frau Holle an diesem Ort böse oder faule Buben in Kühe. Nach offizieller Lesart bezeichnet die Kalbe jedoch eher eine kahle Stelle. Auf der Kalbe kann man urige, vom Wind geschliffene Bäume, Steinaufbauten, eine wilde Graslandschaft und eine bezaubernde Sicht über das Meißner-Vorland und das Werratal bis hin zum Harz genießen.

Adresse westlich von 37290 Meißner-Vockerode, Zugang vom Frau-Holle-Teich (Parkplatz), der Eulenstieg beginnt wenige Meter neben dem Teich am Hollenbach | Anfahrt von Eschwege auf B 249 Richtung Niederhone, weiter auf L 3241 Richtung Meißner, durch Abterode bis Vockerode, dort L 3241 folgen (rechts), danach wieder rechts auf L 3242 zum Frau-Holle-Teich | Tipp Auf dem Rückweg kann man anstelle des Eulenstiegs auch den bequemen (nicht steilen) Kalbepfad zum Frau-Holle-Teich wählen.

61 Das Chattenloh

Jahrhundertelang eine wichtige Gerichtsstätte

Am Rande von Weidenhausen, wenige Meter neben dem Sportplatz des Dorfs, liegt eine kleine Anhöhe mit einer charakteristischen Baumgruppe, die von vielen Erhebungen des Meißner-Vorlandes zu erkennen ist: das Chattenloh. Kennzeichnend für diesen geschichtsträchtigen Ort sind vier auf den gedachten Ecken eines Vierecks wachsende Linden, in deren Mitte ein Tisch mit Sitzgruppe steht. Wenige Meter daneben befindet sich eine markante Holzstele mit einer Gravur: »Ort des Centgerichtes der Grafen von Bilstein. 12.–16. Jahrhundert«.

Das Chattenloh war ursprünglich tatsächlich eine Gerichtsstätte der Bilsteiner Grafen und wurde im frühen Mittelalter, vermutlich um 1070, angelegt. Zu dieser Zeit verlor die Germaramark – das ist die alte Bezeichnung für das Gebiet, in dem Weidenhausen lag und das die Grafen von Bilstein bewohnten – allmählich an Größe. Dadurch wurde der zuvor große Machtbereich der Grafen auf das Centgericht beschränkt. Nach dem Aussterben der Bilsteiner zu Beginn des 14. Jahrhunderts übte ein Centgraf die Gerichtsbarkeit aus. Diesem wurde später, nach Übernahme der bilsteinischen Besitztümer durch die Landgrafschaft Hessen, ein Schultheiß zur Seite gestellt. Seit dieser Zeit gibt es zur Geschichte des Gerichts einige Überlieferungen.

Am Chattenloh wurde allerdings nicht nur Recht gesprochen, sondern auch viele Todesurteile vollstreckt, was für eine angesehene hohe Gerichtsstätte spricht. Aus Unterlagen des Stadtarchivs Eschwege geht hervor, dass »um 1750 im Kataster von Weidenhausen ein wüster Platz nördlich von Weidenhausen auf einer Anhöhe gelegen, das Katzenloh genannt, wo vorzeiten Gericht und Exekutionen gehalten wurde«. Der Begriff Katzenloh wurde für die Gerichtsstätte noch bis 1930 benutzt, danach bürgerte sich allmählich die Bezeichnung Kattenloh ein; schließlich sagte man Chattenloh. Die Herkunft dieser Namen ist unklar.

Adresse Sportplatz Chattenloh, Chattenlohstraße, 37290 Meißner-Weidenhausen | **Anfahrt** von Eschwege auf B 249, dann L 3241 Richtung Abterode, vor Abterode links nach Weidenhausen, Parkplätze am Sportplatz (vor dem Ortseingangsschild rechts) | **Tipp** Lohnend ist ein Blick auf das Gut Weidenhausen, das einst aus einer florierenden Weinhandlung und einem landwirtschaftlichen Gutsbetrieb bestand. Heute ist hier unter anderem eine Tierarztpraxis untergebracht (Gut Weidenhausen 1).

62 Das Dorf der Krippen

… und das besondere Telefonzellen-Lesehäuschen

Ein Besuch des idyllisch inmitten saftiger Wiesen gelegenen Meißnerdorfs Wellingerode ist ein Genuss. Nahe dem Friedhof streckt sich dem Besucher eine alte Linde entgegen (siehe Ort 63), es gibt bemerkenswerte Häuser und vor allem Krippen. In der Kirche, im kleinen Feuerwehrhaus und an einigen anderen Dorfplätzen stehen sie das ganze Jahr. In der Adventszeit kann man sogar in (fast) jedem Vorgarten eine individuell gestaltete Krippe bestaunen.

Die Idee, das erstmals 1338 erwähnte Wellingerode in ein Krippendorf zu verwandeln, entstand Mitte der 1990er Jahre und geht auf eine Initiative von Thomas von Grumbkow zurück. Der ehemalige Lehrer und »Seele« des Dorfs wollte weg von der aufkommenden amerikanischen Lichterglanzkultur und wünschte sich stattdessen eine besondere, eher traditionelle Weihnachtsdekoration für sein Dorf. So baute er jedem Hausbesitzer, der einverstanden war, eine Holzkrippe, die fortan alljährlich zur Adventszeit entlang der Hauptstraße des Dorfs aufgestellt wurde.

Die Aktion fand im Laufe der Jahre immer größeren Anklang, viele Hausbesitzer besorgten sich oder bastelten alsbald eigene Krippen.

Thomas von Grumbkow ist auch der Besitzer der einst einzigen privat betriebenen Telefonzelle in Deutschland. Für die in der Ortsmitte stehende Zelle schlugen in den 1990er Jahren 90,60 Mark für die monatlichen Anschluss- und Mietkosten zu Buche. Um die Kosten zu decken, war es wichtig, dass die Dorfbewohner zumindest zeitweise in der Zelle telefonierten. Zur Motivation gab es an der Innenseite der Telefonzelle ein Plastiktütchen, in dem ein »50er« als Notgroschen klemmte, und den Hinweis »Bitte wieder auffüllen«.

Die rot gestrichene Zelle mit der Aufschrift »Wel Tel« (für Wellingerode-Telefon) ist noch immer ein Blickfang, nach vandalischem Treiben wurde sie jedoch in ein Miniatur-Lesehäuschen (mit Büchern und Stuhl) umgewandelt.

Adresse 37290 Meißner-Wellingerode | **Anfahrt** von Eschwege auf B 249, dann L 3241 Richtung Abterode, vor Abterode rechts nach Wellingerode | **Tipp** In Wellingerode gibt es seit 1996 alljährlich am letzten Samstag vor Heiligabend einen wunderschönen Weihnachtsmarkt. Die eingenommenen Überschüsse kommen einem guten Zweck zugute.

63 Das Kritzebäumchen

Geballte Lebenskraft seit der Reformation

Es ist keine wirkliche Schönheit. Die verbliebenen Äste sind etwas knorrig und schief, die Borke rissig und der Stamm so hohl, dass zwei Menschen in ihm Platz finden könnten. Aber es lebt noch immer, und das schon sehr, sehr lang: das Kritzebäumchen bei Wellingerode.

Bis zu 500 Jahre alt soll der Rest jener stolzen Sommerlinde sein, die auch als Reformationsbaum bezeichnet wird. Denn es ist der Reformation zu verdanken, dass der Baum an seinem heutigen Standort auf dem Rommerod steht. Auf dieser Anhöhe nahe dem Dorffriedhof verlief bis vor gut 100 Jahren die Hauptstraße von Albungen nach Abterode. An der Kreuzung mit der Abzweigung nach Frankershausen stand ein Kruzifix, das für die Wellingeröder bedeutsam war, da sie keine eigene Kirche hatten. Wer im Ort beten wollte, ging in der Regel zum Kruzifix – bis es im Reformationsjahr 1517 entfernt wurde. Daraufhin – wann genau, ist unbekannt – wurde am Platz des einstigen Kruzifixes eine Sommerlinde, das Kritzebäumchen, gepflanzt. Man nimmt an, dass die Bezeichnung »kritze« entweder auf das zuvor dort stehende Kruzifix oder auf den Standort des Baums (an einer Kreuzung) zurückgeht.

Was die Linde in ihrem langen Leben verkraften musste, ist mit Worten schwer zu beschreiben. Mehrmals schlug der Blitz in ihr ein und spaltete große Äste ab. Eindringendes Wasser setzte Fäulnisprozesse in Gang, und Pilze höhlten den Baum langsam aus. Stürme und Schnee ertrug die Linde mit Fassung, auch wenn oft weitere Äste brachen. Anfang der 1980er Jahre schoben Jugendliche Werbezeitungen, die sie austragen sollten, in ein Loch nahe der Wurzel und zündeten sie an. Das Feuer konnte gelöscht werden, aber der Baum schien verloren. Heinrich Becker, einer der beiden Männer aus Wellingerode, die das Feuer gelöscht hatten, pflanzte damals vorsorglich gegenüber dem Baum eine Winterlinde. Doch die Sommerlinde trieb wieder aus.

Adresse nahe 37290 Meißner-Wellingerode | **Anfahrt** Von Eschwege auf B 249, dann L 3241 Richtung Abterode, vor Abterode rechts nach Wellingerode, an der Hauptstraße parken und von dort zu Fuß zurück zum nordöstlichen Ortsausgang, hinter dem Friedhof rechts auf den asphaltierten Feldweg. Nahe der nächsten Kreuzung steht das Kritzebäumchen linker Hand, die junge Winterlinde rechter Hand. | **Tipp** Wer Wellingerode besucht, sollte auch das selbst gebaute fahrbare Toilettenhäuschen ausprobieren – allerdings wird es nur bei Festen aufgestellt.

64 Der Mühlstein

Die sonderbare Halbhöhle und der Zorn des Teufels

Den regionalen Sagen zufolge hat man dem Teufel im Werratal einiges zu verdanken. So sollen zum Beispiel die Leuchtberge bei Eschwege durch diabolische Unachtsamkeit entstanden sein – der Teufel hatte vergeblich versucht, eine Kirche zu zerstören (siehe Ort 25). Auch bei Wolfterode wollte der Sage nach einst der Teufel ein Gotteshaus zertrümmern – ebenfalls ohne Erfolg. Das gewaltige Felsstück, das der Böse vom Hohen Meißner der Kirche entgegenschleuderte, flog weit über das Ziel hinaus und fiel auf eine Wiese, auf der sich ein Teich bildete. Auch ein zweiter Stein verfehlte die Kirche und landete auf einer Wiese nahe einer Mühle, daher der Name Mühlstein. Weil der ausgehöhlte Stein den »Daumenabdruck des Teufels« erkennen lässt, wurde er Teufelsstein genannt.

Die Teufelssage war für die Menschen in der Region lange die einzige Möglichkeit, sich die Felsformation an ihrem Ortsrand zu erklären. Der 1936 als Naturdenkmal ausgewiesene Mühlstein ist einer von mehreren allein stehenden Felsen im Karstgebiet des östlichen Meißner-Vorlandes. Der kahle Kegel, der aus dem Dolomit des oberen Zechsteins besteht, ragt fast 20 Meter aus dem Acker- und Grasland der Umgebung hervor. Er ähnelt einem Frosch, der seinen Rücken dem Dorf zukehrt und nach Nordosten, gegen die aufgehende Sonne zur Zeit der Sommersonnenwende, blickt. Der sanfte Anstieg von der Dorfseite bricht am nordöstlichen Ende steil ab. Dort befindet sich der »Daumenabdruck«, eine 14 Meter breite und bis zu knapp sieben Meter tiefe Halbhöhle (Foto). Sie geht auf die Auslaugung von Gipsnestern innerhalb des Gesteins zurück. Welche Bedeutung die besondere Lage der Höhle für unsere Vorfahren hatte, ist unbekannt. Funde von vorchristlicher Keramik belegen die Anwesenheit von Menschen an diesem Platz. Der in der Sage erwähnte Teich verlandete im 18. Jahrhundert und wurde danach eine Wiese.

Adresse nahe Teichweg, 37290 Meißner-Wolfterode | Anfahrt Von Eschwege auf B 249 und L 3241 nach Abterode, dort rechts (K 40) nach Wolfterode (Berkatalstraße), rechts auf Teichweg. Der Stein liegt linker Hand hinter der Hochspannungsleitung. | Tipp Am Mühlstein vorbei führt der Premiumweg P2, der durch das Meißner-Vorland zieht und dort auch die Hielöcher streift. Unterhalb der hübschen, bereits 1334 errichteten Marienkirche liegt der ummauerte Anger mit alten Linden und einem erhaltenen Steintisch der einstigen Gerichtsstätte.

65 Der Bahnhof Eichenberg

Langsam geht es aufwärts

Der Bahnhof Eichenberg gehörte einmal zu den wichtigsten deutschen Eisenbahnknotenpunkten für den Güter- und Personenverkehr. Heute hinterlässt der große Bahnhof am Rande des Werra-Meißner-Kreis bei den meisten Reisenden einen trostlosen Eindruck – auch wenn er noch immer kein unbedeutender Haltepunkt ist. Viele Gleisanlagen sind unbenutzt, aus manchen Gleisbetten sprießen mannshohe Pflanzen. Bahnschalter und Aufenthaltsräume sucht man vergebens, von gastronomischen Angeboten ganz zu schweigen. Bis Mitte März 2014 waren auch die Türen und Fenster des einst prächtigen historischen Empfangsgebäudes vernagelt.

Ein Grund für die heutige Situation des Bahnhofs ist seine Lage nahe der ehemaligen deutsch-deutschen Grenze. Aufgrund der Stilllegung mancher Strecken brauchte man zu DDR-Zeiten viele Gleisanlagen nicht mehr.

Der Eichenberger Bahnhof ist alt: Bereits 1876 wurde der Teilabschnitt Niederhone–Eichenberg–Friedland der Bahnstrecke zwischen Göttingen und Bebra fertiggestellt. Im Dezember 1915 wurde die in Eichenberg endende Strecke der Gelstertalbahn eröffnet. Sie diente vor allem dem Transport von Braunkohle aus dem Nordhessischen Braunkohlerevier. Nach Ende des Zweiten Weltkriegs fanden am Bahnhof die Kontrollen zwischen der britischen und der amerikanischen Zone statt. Der Zugverkehr zwischen Eichenberg und Arenshausen wurde eingestellt und erst nach der Wende wieder aufgenommen. 1973 wurde auch der Personen- und später der Güterrestverkehr der Gelstertalbahn aufgegeben.

Glücklicherweise hat sich in den letzten Jahren einiges am Eichenberger Bahnhof getan. Mit den seit 2017 verfügbaren Finanzmitteln für eine schrittweise Sanierung und Renovierung wurden die ersten Bahnsteige modernisiert, neue Treppenaufgänge gebaut, die von Schimmelpilzen gesäumte Unterführung und die Beschallung erneuert sowie erstmals eine digitale Anlage zur Fahrgastinformation installiert.

Adresse Bahnhofstraße, 37249 Neu-Eichenberg | **Anfahrt** von Witzenhausen auf B 80/B 27 Richtung Göttingen, bei Eichenberg rechts Richtung Bahnhofstraße (Schilder nach Eichenberg), links auf Bahnhofstraße, danach rechts zum Bahnhof | **Tipp** Folgt man nach Verlassen des Bahnhofs (Treppe zur Straße) dem linker Hand liegenden Fußweg, erreicht man nach wenigen Gehminuten eine Brücke, auf der man eine beeindruckende Aussicht auf den Bahnhof genießen kann (Foto).

66 Die Wüstungskirche

Das verschollene Dorf Hademarshausen

Südlich von Datterode liegt in einer malerischen, abgeschiedenen Wiesenlandschaft das Rittergut Harmuthshausen. Rund um das schöne Gehöft gab es im Mittelalter eine Siedlung, die Wüstung Hademarshausen. Sie wurde erstmals 1320 als Hademarishusen erwähnt und war damals im Besitz des Adelsgeschlechts derer von Boyneburg. Zur Siedlung gehörte auch eine Kirche, die wie das Dorf selbst lange Zeit in Vergessenheit geraten und im Wiesen- und Ackergelände nicht mehr sichtbar war. Nur der überlieferte Flurname »Beim Kirchhof« ließ an das untergegangene Dorf und seine Kirche erinnern.

Beim Pflügen am heutigen Rittergut wurde 1971 eine mittelalterliche Grabplatte gefunden, zwei Jahre später wurde beim Nachgraben an derselben Stelle ein menschliches Skelett entdeckt. Diese Funde waren Anlass für Ausgrabungen, die 1975 von der Außenstelle Marburg der Abteilung »Archäologische Denkmalpflege im Landesamt für Denkmalpflege Hessen« mit der vollständigen Freilegung der Grundmauern des Kirchengebäudes abgeschlossen wurden. Obwohl die Räume zwischen den ausgegrabenen Mauern inzwischen bewachsen sind, sind die Grundmauern gut zu erkennen.

Die einstige Kirche war eine in verschiedenen Bauphasen errichtete Saalkirche mit mehreren Anbauten. Die ältere Kirche besaß eine halbrunde Apsis, die in der jüngeren Bauzeit durch einen geräumigeren rechteckigen Chor ersetzt wurde.

Wer den Hof Harmuthshausen besucht, gelangt, noch bevor die Wüstungskirche sichtbar wird, an ein Häuschen mit zwei Grabplatten aus dem Umfeld der Kirche. Die linke Platte, die eine Frau darstellt, wird auf kurz nach 1100 datiert – es ist die Platte, die 1971 ausgepflügt wurde. Die bei der Ausgrabung gefundene Grabplatte mit einem Kreuz (rechte Platte) stammt vermutlich aus der Mitte des 12. Jahrhunderts. Beide Platten sind wahrscheinlich Grabplatten für Angehörige einer adligen Grundbesitzerfamilie.

Adresse nahe Rittergut Harmuthshausen, Harmuthshausen 1, 37296 Ringgau-Datterode | **Anfahrt** von Eschwege über B 452, B 27 und B 7 nach Datterode, in der Ortsmitte scharf rechts auf Alte Straße, links auf Straße Harmuthsbach, dem Asphaltsträßchen zum 1,8 Kilometer entfernten Hof folgen, 250 Meter vorher Parkmöglichkeit, von dort zu Fuß: vor dem Hof rechts, die Kirche liegt 250 Meter weiter rechter Hand (versteckt hinter Sträuchern) | **Tipp** Am Rittergut entlang führt der Datteröder Burgweg – ein neun Kilometer langer, schöner, wenig begangener Rundweg, auf dem man auch die sagenumwobene Boyneburg (siehe Ort 77) streift.

67 Die Schlafmohnfelder

Der kleine Bruder von Germerode

Der Schlafmohn *Papaver somniferum* (»Träger des Schlafs«) gehört zu den ältesten Kulturpflanzen in Europa. Bereits um 6000 vor Christus wurde er in Südeuropa als Nutzpflanze angebaut. Erstmals schriftlich erwähnt wurde der Schlafmohn um 4000 vor Christus in Keilschriften, in denen die Herstellung von pharmazeutischen Produkten aus Mohn beschrieben wird. Bis zum Zweiten Weltkrieg wurde Schlafmohn auch in Deutschland in der Landwirtschaft angepflanzt, in der DDR sogar bis zur Wiedervereinigung. Die Einbeziehung des Mohnanbaus in das Betäubungsmittelgesetz brachte den Anbau zum Erliegen. Heute stehen bei uns zwei morphinarme Mohnsorten zur Verfügung, die mit Genehmigung der Bundesopiumstelle wieder angepflanzt werden dürfen. Von einer morphinarmen Mohnpflanze spricht man bei einem Morphingehalt kleiner 0,02 Prozent.

Im Werra-Meißner-Kreis wird Schlafmohn vor allem nahe Germerode kultiviert. Seit 2010 taucht der Mohn die Landschaft rund um das schöne Meißnerdorf zur Blütezeit in ein Meer aus Pink, Purpur und Violett. Die jährlich wachsenden Schlafmohnfelder sind inzwischen ein echter Publikumsmagnet. Bis Ende 2018 besuchten mehr als 30.000 Menschen die dortigen Rundwege, auf denen zur Mohnblüte Führungen, Planwagenfahrten und Veranstaltungen angeboten werden.

Wer er ruhiger mag und trotzdem die Farben des Mohnes genießen möchte, kann im Werra-Meißner-Kreis seit 2017 die Mohnblüte im Ringgauer Ortsteil Grandenborn bestaunen. Das milde Mikroklima auf der Ringgau-Hochebene erwies sich für den Anbau des anspruchsvollen Mohns als ausreichend. Jedes Jahr führt ein neuer, drei bis vier Kilometer langer Rundweg nahe dem Dorf auf aussichtsreiche Höhen und in die fünf Hektar großen Mohnfelder hinein. Die zwischen den Mohnfeldern blühenden Wiesen (»Frau Holles Blumenwiesen«) sind ein Beitrag gegen das Insektensterben und können bis in den Herbst bewundert werden.

Adresse 37296 Ringgau-Grandenborn, Zugang vom Rendaer Weg (Ausgangspunkt Mohnfelder Germerode: Neuer Weg 10, 37290 Meißner-Germerode) | Anfahrt von Eschwege auf L 3424 und L 3245 nach Ringgau, dort links (B 7, Eisenacher Straße), rechts (Ringgaustraße), weiter auf K 24, in Grandenborn links (Netraer Weg), rechts (Am Teich), links (Randaer Weg), Wanderparkplatz | Tipp Spektakulär ist der durch Grandenborn führende Premiumweg P13, der nicht nur die Boyneburg, sondern auch andere Aussichtspunkte und steile Abbruchkanten im Gelände passiert.

68_Der Beweinungsaltar

Eine einzigartige gotische Schnitzplastik

Das fein geschnitzte, berührend schöne Kuriosum im Lüderbacher Gotteshaus ist den aufmerksamen Augen eines Lehrers zu verdanken. Es war im Jahr 1904, als der erst kürzlich nach Lüderbach gezogene Lehrer Hendrich auf dem Dachboden der Kirche inmitten alter Utensilien einen verstaubten, aber unversehrten Altar entdeckte. Dass er diesen dann mit seinen Schülern in bunten Farben bemalte, ist eine gern erzählte Dorfgeschichte.

Die besondere Bedeutung des Funds blieb lange unerkannt. Erst zu Beginn der 1950er Jahre wurde der aus Lindenholz bestehende Altar von Mitarbeitern des Landeskonservatoriums Hessen untersucht und zwei Jahre lang in Darmstadt und Marburg restauriert. Der zwischen 1480 und 1520 von einem unbekannten Meister der Eisenacher Werkstätten erbaute Altar ist einer der wenigen überhaupt erhaltenen spätgotischen Flügelaltäre in Deutschland. Ähnliche Reliefs finden sich nur im Fuldaer Dommuseum, im Erfurter Dom und an wenigen Orten Westthüringens. Auf den Flügeln des Altars sind die Apostel und auf den Außenseiten Malereireste von Szenen aus dem Garten Gethsemane und die Geißelung zu erkennen. Das vollständig im Original erhaltene Mittelrelief zeigt die Beweinung Christi – daher auch der Name Beweinungsaltar. Dargestellt sind Jesus, Johannes und die Mutter Jesu. Sie hat ihr Kopftuch abgenommen, um ihrem Sohn das Blut abzuwischen. Nikodemus im Gewand des Ratsherrn aus dem Mittelalter und Maria Magdalena mit einem Salzgefäß sind ebenfalls zu sehen.

Der Lüderbacher Altar steht im Chorraum des zwischen 1329 und 1445 als Wehrkirche erbauten Gotteshauses. 1785 erhielt die Kirche ein Tonnengewölbe, 1837/38 wurde sie umgebaut und der baufällige Westturm abgetragen. Heute trägt die Kirche die Signets einer Radwegekirche und einer Pilgerkirche – nahe der Kirche führt der Elisabethpfad entlang. Ein Symbol des Flügelaltars findet sich auch auf dem Pilgerstempel.

Adresse Lüderbacher Kirche, nahe Eichenbergstraße, 37296 Ringgau-Lüderbach | **Anfahrt** von Eschwege auf B 27 Richtung Bad Hersfeld, dann auf B 7 Richtung Netra, durch Netra, weiter auf B 7 Richtung Eisenach, hinter Rittmannshausen rechts auf K 17 nach Lüderbach, im Dorf rechts (Eichenbergstraße) zur Kirche | **Tipp** Sehr sehenswert ist auch das schöne, um 1560 erbaute und 1980 vollständig restaurierte Lüderbacher Schloss (Altefelder Straße 2).

69 Die Grabpyramide

Die letzte Ruhestätte derer von Capellan

In einem idyllischen Ringgau-Hochtal erhebt sich wenige Meter östlich des kleinen Dorfs Lüderbach der Kirchberg. Es ist ein kleiner, allein stehender Hügel, auf dem schon weithin sichtbar eine steinerne Grabpyramide zu erkennen ist. Sie besteht aus einem etwa drei Meter hohen quadratischen Sockel, auf dem eine fünf Meter hohe, spitz zulaufende und mit einer Kugel bekrönte Pyramide errichtet wurde. In der Pyramide fanden Adam Friedrich von Capellan und seine verwitwete Schwester Friederica Catherina von Cornberg geborene von Capellan ihre letzte Ruhe.

Adam Friedrich von Capellan starb am 25. Juni 1779. Er war der letzte Vertreter des Geschlechts derer von Capellan, einer Adelsfamilie, die Lüderbach von 1627 bis 1779 verwaltete. Da Adam Friedrich von Capellan unverheiratet und kinderlos war, starb mit ihm auch das Geschlecht derer von Capellan in Lüderbach aus. Seine mit ihm in der Pyramidengruft beigesetzte Schwester war bereits zuvor am 25. Januar 1776 im Witwenhaus von Lüderbach gestorben.

Aufgrund eines im Oktober 1778 verfügten Vermächtnisses sollte die Grabpyramide »auf immerwährende Zeit« von der Gemeinde Lüderbach erhalten werden – Adam Friedrich von Capellan hatte der Gemeinde zu diesem Zweck 200 Reichstaler hinterlassen. Der Erhalt gestaltete sich jedoch schwierig, da die auf dem Hügel frei stehend errichtete Pyramide wegen ihrer exponierten Lage ungeschützt den Naturereignissen ausgesetzt ist. So wurde das Grabmal 1937 repariert, nachdem es 13 Jahre zuvor durch einen Blitzschlag schwer beschädigt worden war. 1995 wurde die Außenfassade des Denkmals anlässlich der bevorstehenden 800-Jahr-Feier des Dorfs durch Arbeiter des gemeindlichen Bauhofs und des Heimatvereins unter erheblichen Kosten von Grund auf saniert. Die beiden stark verwitterten Wappen wurden ebenfalls rechtzeitig vor dem Dorfjubiläum von einem Steinbildhauermeister erneuert und zeigen sich nun wieder in beeindruckender Schärfe.

Adresse nahe Altefelder Straße, 37296 Ringgau-Lüderbach | Anfahrt von Eschwege auf B 27 Richtung Bad Hersfeld, dann auf B 7 Richtung Netra, durch Netra, weiter auf B 7 Richtung Eisenach, hinter Rittmannshausen rechts auf K 17 (Altefelder Straße) nach Lüderbach, im Dorf rechts (Eichenbergstraße), erste Straße hinter der Mergelgasse rechts bis Wanderparkplatz Lüderbach (Am Sportplatz), von dort zu Fuß dem Premiumweg P21 entlang dem Lüderbacher Bach folgen (400 Meter bis zur Pyramide) | Tipp Südlich des Kirchbergs am Feldweg nach Ifta steht das Leprakreuz, wo einer Legende zufolge die Leprakranken nach ihrer Rückkehr von den Kreuzzügen mit Nahrung und Kleidung versorgt wurden. Seine genaue Position wird an der Grabpyramide angezeigt.

70 Observation Point India

Das Relikt des US-Militärstützpunktes

Auf dem Sohlberg südlich des Dörfchens Lüderbach hat man eine herrliche Aussicht auf die Wald- und Wiesenlandschaften im Ringgau und die umliegenden Hügelketten. Die Weite der malerischen Landschaft und die sich zu Füßen ausbreitenden Wildblumenwiesen lassen die Zeit vergessen. Noch schöner ist die Aussicht auf dem Turm am Ende des Hochplateaus, auf dem man eine Fernsicht bis weit in den Thüringer Wald genießen kann.

Bis zur deutschen Wiedervereinigung war ein Besuch des Sohlberg-Plateaus für Wanderer tabu. Der heute als Aussichtsturm genutzte Turm gehörte im Kalten Krieg zu einem US-Militärstützpunkt. Der in den 1960er Jahren errichtete Observation Point India war einer von vier US-Beobachtungspunkten an der ehemaligen innerdeutschen Grenze in Hessen, die als OP bezeichnet wurden (OP-India). Diese Beobachtungspunkte, zu denen auch OP-Alpha (bei Rasdorf/Geisa), OP-Oscar (bei Neu-Eichenberg) und OP-Romeo (bei Bossrode) gehörten, wurden im Bereich der Fuldaer Lücke (Fulda Gap) gebaut. Aufgrund der topografischen Bedingungen erwartete die NATO im militärischen Ernstfall eine Invasion der Truppen des Warschauer Paktes am ehesten zwischen dem hessischen Herleshausen und dem bayerischen Bad Neustadt.

Auf einem OP wechselten sich jeden Monat im Durchschnitt 30 bis 60 Soldaten bei der Arbeit ab. Es gab drei Baracken für unterschiedliche Nutzungs- und Funktionsansprüche des Lagers. Die bis zur Wiedervereinigung genutzten OPs wurden 1984 baugleich aus Betonfertigteilen errichtet und ersetzten die zuvor aufgestellten Holz- und Metalltürme. Mit den OPs sollte in erster Linie Wachsamkeit und Präsenz gezeigt werden. Der taktische Wert war gering, da sich das NATO-Verteidigungskonzept auf Funk- und Satellitenaufklärung stützte. Wie bei allen anderen OPs wurde 1991 auch das Gelände von OP-India aufgegeben. 2001 wurde der Beobachtungspunkt bis auf den Turm zurückgebaut.

Adresse südöstlich von 37296 Ringgau-Lüderbach | **Anfahrt** von Eschwege auf B 27 Richtung Bad Hersfeld, dann auf B 7 Richtung Netra, durch Netra, weiter auf B 7 Richtung Eisenach, hinter Rittmannshausen rechts auf K 17 nach Lüderbach, hinter dem Dorf (Altefelder Straße) scharf links (Hinweisschild Wanderparkplatz Point India), vom Parkplatz 200 Meter bis zum Turm | **Tipp** Point India ist auch der Namensgeber des Premiumwegs P21. Dieser herrliche 14 Kilometer lange Rundweg führt an den in diesem Buch beschriebenen Orten bei Lüderbach und am Baumkreuz bei Ifta vorbei.

71 Das Baumkreuz

Das lebendige Denkmal an der einstigen Grenze

Es war wenige Tage nach Öffnung der Berliner Mauer, als einige Mitarbeiter und Wegbegleiter des kurz zuvor verstorbenen Aktionskünstlers Joseph Beuys bei Ralf-Uwe Beck vorstellig wurden. Beck war zur Wendezeit ein umweltpolitisch engagierter Pfarrer und Bürgerrechtler im thüringisch-hessischen Grenzgebiet bei Eisenach, seine Gäste der Künstler Johannes Stüttgen, der Landschaftsarchitekt Norbert Scholz und der Unternehmer Frank Wilhelmi. Sie wollten zur Erinnerung an die deutsche Teilung eine soziale Skulptur in Form einer Baumallee zwischen Kassel und Eisenach pflanzen. Man kam überein, die Ost und West verbindende Allee dort zu beginnen, wo das Land durchschnitten war, und von dort die Bäume in beide Richtungen zu setzen.

Die ersten 140 Bäume des so entstehenden Baumkreuzes wurden am 16. und 17. November 1990 in die Erde gegraben: eine dreireihige Eschenallee auf dem einstigen Todesstreifen beiderseits des bis heute erhaltenen Grenzzauns (Nord-Süd-Richtung) und eine Lindenallee entlang der B 7 (Ost-West-Richtung). Die Linden auf der B 7 wurden zunächst nur in Richtung Osten (Eisenach) gepflanzt.

Seit der ersten Pflanzung treffen sich an jedem ersten Novembersamstag alle diejenigen, die das Baumkreuz pflegen und weiterpflanzen wollen. Zur Baumkreuz-Gemeinde gehören neben vielen Bürgern aus den Nachbargemeinden auch Künstler, Umweltschützer, Kirchenvertreter und Menschen aus Wirtschaftsunternehmen. Getragen wurde die Baumkreuz-Aktion bis 2013 von dem in der Tradition von Beuys stehenden Unternehmen »Wirtschaft und Kunst – erweitert gGmbH«, seit 2015 vom BUND Thüringen. Mehr als 1.000 Bäume wurden in den letzten Jahrzehnten in die Erde gesetzt. Lange Alleenabschnitte laufen vor allem auf Eisenach zu, seit 2004 wird auch auf der hessischen Seite in Richtung Kassel gepflanzt. Die Pflanzaktion im Werra-Meißner-Kreis startete mit 40 Linden.

Adresse am Wanderparkplatz Baumkreuz, Bundesstraße 7 zwischen 37296 Ringgau-Rittmannshausen und 99830 Treffurt-Ifta | Anfahrt Von Eschwege auf B 27 Richtung Bad Hersfeld, dann auf B 7 Richtung Netra, durch Netra, weiter auf B 7 Richtung Eisenach, durch Rittmannshausen. Der Parkplatz befindet sich zwei Kilometer weiter rechter Hand hinter der einstigen Grenze. | Tipp Sehr sehenswert ist die Rittmannshäuser Kirche – mit zwei Kirchenglocken aus dem 14. Jahrhundert – und die Trinitatiskirche in Ifta mit ihrer beeindruckenden, sehr alten Orgel.

72 Das Bergbaumuseum

Der wiederentdeckte Stollen unter dem Rathaus

Sontra wird oft als alte Bergstadt bezeichnet. Grund dafür ist, dass in Sontra viele Jahrhunderte lang (von 1380 bis 1955) Kupferschiefer-Bergbau betrieben wurde. Die alten Tagebaugruben auf der »Wellkuppe« und im »Weller Heckchen« nahe dem Industriegebiet Seegel sind heute noch zu erkennen. Dort wurde 1999 bei Baggerarbeiten auch ein alter Bergwerkstollen freigelegt. Untersuchungen von Mitarbeitern der hessischen archäologischen Denkmalpflege, der staatlichen Museen Kassel und eines Frankfurter Labors ergaben, dass das in dem Stollen verwendete Eichenholz 1486 gefällt worden war. Zeugnisse jener Zeit zeigen, dass damals rund um Sontra im bedeutenden Umfang Kupferbergbau betrieben und Kupfer geschmolzen wurde. Zu diesen Zeugnissen gehören auch alte Flurnamen, die in der Grenzbeschreibung des Gerichtsringes Sontra bereits kurz nach 1433 aufgeführt wurden (zum Beispiel Eithengruben: »eiten« mittelhochdeutsch für »schmelzen«). Die Sontraer Bergordnung von 1499 untermauert ebenfalls die Bedeutung Sontras für den Kupferbergbau in Hessen – die »Bergwerksordenung zu Sonntra« gilt als die älteste in Hessen.

Wer sich heute in Sontra auf die Spuren des Bergbaus begibt, wird die deutlichsten Spuren der Sontraer Bergbaugeschichte unter dem Rathaus vorfinden. Dort befindet sich seit vielen Jahren das Bergbaumuseum, in dem auch der im Seegel gefundene Stolleneingang wieder aufgebaut wurde. Im Sontraer Bergbaumuseum kann man sich eine gute Übersicht darüber verschaffen, wie ein Bergmann unter Tage arbeiten musste und was für eine anstrengende Arbeit dies war. Neben dem Stollen kann man im Bergbaumuseum alte Bergbauwerkzeuge, Geleucht und Kristalle bewundern. Diverse Beförderungsmittel, mit denen der Kupferschiefer aus dem Berg transportiert wurde, sind im Museum ebenfalls ausgestellt. Der Eiserne Kumpel, eine Bergmann-Statue, heißt die Besucher an der Museumspforte willkommen.

Adresse Bergstraße 13, 36205 Sontra | Anfahrt das Museum liegt in der Stadtmitte unter dem Rathaus, Parkplätze in der Innenstadt | Öffnungszeiten nach Vereinbarung mit Herrn Wegehenkel, 1. Vorsitzender des Knappenvereins Kupferschiefer-Bergbau, Tel. 05653/1011 | Tipp Kürzlich wurde an der Bahnhofstraße ein großflächiges Graffito angebracht, das die Bedeutung Sontras als Bergstadt untermalt. Viele Straßennamen weisen ebenfalls auf die einst große Bedeutung Sontras für den Bergbau hin (zum Beispiel Knappenstraße, Barbarastraße, Hüttenstraße).

73 Die Reptilienauffangstation

Die Anlaufstelle für gequälte Tiere

Am Stadtrand von Sontra schlängelt sich eine schmale Waldstraße zu einem Ort, an dem Reptilien auf eine bessere Zukunft hoffen. Vornehmlich sind es gefährliche Tiere aus tierquälerischer Haltung und illegalem Handel – Tiere, die gefunden, abgegeben oder beschlagnahmt wurden. Einige sind krank und verletzt.

Am häufigsten werden Gift- und Würgeschlangen aufgenommen. Hinzu kommen Schildkröten, Warane und Alligatoren. Aber nicht nur Reptilien, sondern auch Spinnen und Skorpione finden hier vorübergehend ein Zuhause.

Seit 2009 gibt es die Auffangstation in Sontra, sie ist die einzige offizielle Reptilienauffangstation für Hessen und Thüringen. Drei speziell geschulte Mitarbeiter kümmern sich um die sachkundige Pflege und adäquate Weitervermittlung der Tiere, die hier in großzügig eingerichteten Terrarien leben. Ein Teil der Station dient als öffentlicher Zoo und soll Aufklärungsarbeit leisten. Mehr als 200 Tiere gibt es in der Auffangstation, jährlich werden 3.000 bis 3.500 Tiere aufgenommen und weitervermittelt. Ihre Vermittlung ist nicht immer leicht und richtet sich nach der Rechtsprechung der Länder. So ist beispielsweise in Hessen die private Haltung von Giftschlangen verboten, in Nordrhein-Westfalen jedoch nicht (sofern man volljährig ist). In Thüringen muss man einen Sachkunde-Nachweis erbringen. Besonders problematisch ist die Weitervermittlung von Gift- und Würgeschlangen, was auch an der steigenden Zahl der beschlagnahmten Tiere liegt: Die Station musste in den letzten Jahren wiederholt Beschlagnahmungen mit über 100 Giftschlangen pro Haushalt verkraften. Als vermittlungsresistent erwiesen sich bislang auch die schon lange in Obhut befindlichen Netzpythons – eine annähernd artgerechte Unterbringung der bis zu sechs Meter langen Würgeschlangen ist außerordentlich schwierig.

Adresse Reptilienauffangstation mit Reptilienzoo Sontra und Gefahrtierschulungszentrum Hessen, Mühlbergstraße 12–15, 36205 Sontra, Tel. 05653/917368, www.reptilienauffangstation.de | Anfahrt von Sontra über Bahnhofstraße und/oder Mühlbergstraße bis zum Waldparkplatz, von dort zu Fuß: die Station befindet sich wenige Meter weiter linker Hand | Öffnungszeiten (Zoo) ganzjährig Do–So 10–18 Uhr | Tipp Direkt am Parkplatz liegt auch die kleine, wassersprudelnde »Elfengrotte«.

74 Die Kemenate

Der uralte Turm am Steinischen Hof

Kemenaten, also beheizbare Wohngemächer in Burgen des Mittelalters oder in steinernen Hinterhäusern von Fachwerkbauten, gibt es im Werra-Meißner-Kreis nur noch wenige. Eine von ihnen, ein an ein schmuckes Gut (Steinischer Hof) angegliederter Turm, steht in dem zu Sontra gehörenden Dorf Berneburg. Der um 1385 errichtete, 20 Meter hohe Burgturm war einst ein echter, von Wasser umgebener Wohnturm – der tiefer liegende Teil diente als Keller und Verlies. Ursprünglich war er vom Geschlecht derer von Biedenfeldt bewohnt. Wie viele andere Burgen hatte auch die Kemenate einen unterirdischen, inzwischen verschütteten Fluchtweg. Er begann am Fuße der freitragenden Steintreppe in der Nordwand und endete im 660 Meter entfernten sogenannten Grauen Loch.

Seit 1951 ist der Steinische Hof mit seiner Kemenate im Besitz der Familie Ackermann. Als Alfred Ackermann, der Großvater der heutigen Besitzerin, den Turm übernahm, waren die Außenmauern des Gebäudes gerissen und von den ursprünglich fünf Geschossen keines mehr erhalten.

Wer heute den Steinischen Hof besucht, ist überrascht, was sich in den letzten Jahrzehnten alles geändert hat. Kinderstimmen erklingen im Hof, es gibt einen kleinen landwirtschaftlichen Betrieb mit Grünland, Ackerbau, Pferde- und Rinderhaltung. (Wer mag, kann auf dem Hof das Reiten erlernen.) Der alte Fachwerkbau ist prächtig herausgeputzt, und auch an (und in) der Kemenate wurde viel getan. Nach Renovierungen und Umbauten besteht die innen und außen sanierte Kemenate heute aus drei ausgebauten Etagen. Die einzelnen Geschosse sind durch Treppen verbunden, oben gibt es ein gemütlich eingerichtetes Zimmer mit echtem Wohnzimmerflair. Wegen seiner 120 Zentimeter dicken Wände ist das Gebäude allerdings nur schwer zu beheizen. Offiziell ist das Turminnere nicht zu besichtigen – wer höflich fragt, darf aber vielleicht dennoch einen Blick hineinwerfen.

Adresse Familie Ackermann, Steinischer Hof mit Kemenate, Biehlweg 3, 36205 Sontra-Berneburg, www.steinischer-hof-ackermann.jimdo.com, Tel. 0160/8516597 | **Anfahrt** von Sontra auf B 27 Richtung Bebra, bei Berneburg rechts auf Berneburger Straße, dann links auf Biehlweg | **Tipp** Wenige Meter vom Hof entfernt steht ein Brunnen mit der Inschrift »Zum Gedenken an die Wasserflut vom 14. Juni 1864«. Sieben Menschen und mehr als 1.000 Stück Vieh kamen damals ums Leben, das Dorf wurde völlig verwüstet.

75 Das Miniatur-Amphitheater

Die wundersamen Dinge im Garten des R. Kröll

Wer in eine faszinierende Künstlerwelt eintauchen und dabei ausgiebig staunen möchte, sollte in Sontra an der Haustür von Richard Kröll läuten. Dort, wo die Sonne am Fuße des Heiligenbergs die Aue des Ulfebachs bescheint, liegt oberhalb einer historischen Mauer das Haus des gebürtigen Niederlahnsteiners. Zum Grundstück des ehemaligen Betriebswirts gehört auch ein ganz besonderer Garten – bespickt mit selbst erschaffenen Kuriositäten, die man so schnell nicht vergisst.

Schon auf der Auffahrt zum Grundstück lässt ein individuelles Straßenschild Besonderes erahnen. »Hilchensweg« steht dort geschrieben, benannt nach Richard Krölls erster, inzwischen verstorbener Frau Hildegard. Freudig präsentiert Kröll bei einer Führung durch sein Reich ein mit seinen Lieblingssprüchen handverziertes Fachwerkhaus und ein steinernes Schiff, dessen Bug in Richtung Ulfe zeigt. Das selbst gebaute Wasserfahrzeug am Rande des Gartens erinnert Krölls Tüftlerherz an den heimischen Rhein. Kurz darauf lässt sich im oberen Gartenterrain ein kleines Amphitheater bewundern – die Steine stammen aus einem abgerissenen Haus des Dorfes. Da in und um das Theater herum weiße Engel stehen, heißt seine Festspielbühne auch Engelchensgarten. Gewidmet hat Kröll diesen Gartenteil seiner Frau Angelika, die er liebevoll Engelchen nennt.

Zu den weiteren Kuriositäten des Gartens gehören ein Miniaturnachbau des Kasseler Herkulesdenkmals – mit einschaltbarer Wasserkaskade – und eine Mariengrotte. Sie birgt ein Geheimnis, das auf eine örtliche Sage anspielt: Frauen, die früher am Ostersonntag vor Sonnenaufgang an einer nahen Quelle ihr Gesicht wuschen und sich dabei etwas wünschten, wurde dieser Wunsch gewährt, wenn sie beim anschließenden Gang auf den Heiligenberg bis zum Sonnenaufgang schwiegen. Näheres zur Sage und zum Geheimnis der kleinen Kalksteingrotte wird an dieser Stelle nicht verraten.

Adresse Pension zur Breiten Aue, Heiligenberg 5, 36205 Sontra-Breitau | Anfahrt von Sontra über Husarenallee und K 28 (einmal links abbiegen, um auf K 28 zu bleiben) bis zur B 400, dort links, kurz vor Breitau bei Nürnberger Straße links, dann rechts (Heiligenberg) | Tipp An der Straße Heiligenberg steht auch ein schönes, von Richard Kröll selbst gezimmertes Holzkapellchen, das zur Einkehr und Besinnung einlädt.

76 Das Trockental im Rendagraben

Eine einmalige Karstlandschaft

Bachschwinden, Erdfälle, Höhlen und Karstquellen: Nördlich von Ulfen kann der Besucher auf kleinstem Raum eine Vielzahl von Karsterscheinungen entdecken. Der oft abenteuerliche, etwa elf Kilometer lange Premiumweg P20 führt zu den meisten Sehenswürdigkeiten des Ulfener Karsts.

Karstlandschaften besitzen eine ober- und unterirdisch stark gegliederte Geländeform. Sie bilden sich in Gebieten, deren Gesteine, meist Kalkstein, chemisch leicht angreifbar sind. Durch Lösungs-, Verwitterungs- und Ausfällungsprozesse entstehen Hohlräume im Untergrund und Erdfälle an der Oberfläche.

Eine ganz besondere Karsterscheinung ist das meist trockenliegende Bachtal im Rendagraben, das nur bei großen Niederschlagsmengen Wasser führt. P20 führt direkt am beziehungsweise wenige Meter oberhalb des von Bäumen umsäumten Trockentals mit seinen zahlreichen, zum Teil bemoosten Kalksteinplatten entlang. Bei normalen Niederschlagsmengen verschwindet das Wasser des Bachs unterhalb des Dorfes Renda in sogenannten Ponoren (Bachschwinden). Nur bei großen Wassermengen ist das Fassungsvermögen der unterirdischen Hohlräume, die vermutlich zu einem ausgedehnten Karsthöhlensystem gehören, nicht mehr ausreichend. In diesem Fall quillt das Wasser oberhalb von Ulfen aus Karstspalten hervor und fließt im ansonsten trockenen Bachbett ab. Mindestens vier Quellen liegen direkt im oder in unmittelbarer Nähe des eigentlichen Trockentals (Rendatalquelle I bis IV). Auch die im Gebiet liegenden Wichtellöcher, um die sich mehrere Sagen ranken, sind Karsterscheinungen.

Neben der Karstlandschaft trifft der Wanderer entlang von P20 auch auf Wildblumenwiesen und lauschige Waldränder. Zahlreiche Ausblicke in das Ulfetal und hinüber zu den Kalibergen gehören ebenfalls zu dieser abwechslungsreichen Wanderung.

Adresse nahe 36205 Sontra-Ulfen, Zugang vom Wanderparkplatz Ulfen, Rendaer Straße | **Anfahrt** von Sontra über Husarenstraße, K 28 bis zur B 400, dort rechts (Richtung Ulfen, Obersuhl), in Ulfen weiter über Rendaer Straße bis zum Parkplatz | **Tipp** In Ulfen lohnt die Besichtigung der wunderschönen Johanneskirche. Sehenswert ist auch Kloppers Brauhaus, ein romantischer Gasthof, in dem früher gebraut wurde (Hauptstraße 38, 36205 Sontra-Ulfen, www.kloppers-brauhaus.de).

77 Die Ruine Boyneburg

Die Geschichte vom todgeweihten Fräulein

Alljährlich zu Himmelfahrt findet im Südosten des Werra-Meißner-Kreises ein ungewöhnliches Ritual statt. An diesem Tag pilgern mehrere tausend Menschen zur Gipfelburgruine der Boyneburg, um sich vom Burgherrn, dem Baron von Boyneburg, mit Broten beschenken zu lassen (Brotspendefest). Einige Pilger verstauen die Spende nach Rückkehr sogar auf dem heimischen Schrank – zum Schutz vor Blitzschlägen.

Das Ritual des Schenkens geht auf die Sage der »Jungfrau von Boyneburg« zurück, die die Brüder Grimm in ihrer Sammlung »Die Deutschen Sagen« niederschrieben. Nach dieser Sage lebten einst auf der Burg drei Schwestern, die in inniger Liebe verbunden waren. Von den Schwestern hatte die jüngste, die während eines Gewitters geboren wurde, geträumt, dass sie durch ein Gewitter ihr Leben verlieren würde. Als sie ihr 18. Jahr erreichte, zog ein starkes Gewitter über der Burg heran und blieb tagelang über derselben stehen. Da erinnerte sich das jüngste Fräulein ihres Traumes und teilte ihn ihren Schwestern mit, die beschlossen, sich für ihre Jüngste zu opfern. Doch das Gewitter wich nicht. Daraufhin zog die Jüngste hinaus vor die Burg und empfahl dem Höchsten betend ihre Seele. Da zuckte ein Blitzstrahl und sie und das Gewitter waren verschwunden. Das todgeweihte Fräulein verfügte in ihrem Testament, dass an ihrem Todestag die Gemeinde bespeist und beschenkt werden sollte.

Die Boyneburg, von der noch zwei 25 Meter hohe Wände des Bergfrieds, einige Grundmauern und Sicherungsgräben erhalten sind, ist nicht nur wegen der Ruine und ihrer Sage, sondern auch wegen dem gratartigen Burgzugang und der wunderschönen Landschaft ringsherum einen Ausflug wert. Die Boyneburg war jahrhundertelang für den hessisch-thüringischen Grenzraum bedeutsam und wurde mehrfach von Kaiser Friedrich I. (Barbarossa) besucht. Am 12. Mai 1292 schlug dort die Geburtsstunde des Landes Hessen.

Adresse Ruine Boyneburg auf dem Berg Boyneburg, 36205 Sontra-Wichmannshausen, Zugang zum Beispiel von 37296 Ringgau-Grandenborn, Wanderparkplatz Boyneburg | Anfahrt von Sontra B 27 bis Wichmannshausen, dort rechts (Eschweger Straße) und wieder rechts (Boyneburger Straße) bis zum Wanderparkplatz | Tipp Sehr sehenswert ist auch das Museum im Alten Boyneburger Schloss, in dem das bäuerliche Leben in früherer Zeit rund um die Boyneburg gezeigt wird (Schlosshof, 36205 Sontra-Wichmannshausen, Öffnungszeiten beachten!).

78 Das Mühlbachstälchen

Das Miniaturdorf in der Mühlbachsklamm

Versteckt in einer natürlichen Klamm kann man am Ortsrand von Waldkappel ein Miniaturdorf bestaunen. Hübsche Modellhäuser, eine Kirche und sogar zwei Mühlen, die aus einem Teich gespeist werden, sind Teil dieser Welt im Kleinformat. Auch ein »echtes« Ortseingangsschild, das das Mühlbachstälchen als (inoffiziellen) Stadtteil von Waldkappel ausweist, wurde im Wald aufgestellt.

Das erstmals in den 1930er Jahren entstandene, später vergessene und in den frühen 1960er Jahren wieder neu belebte Miniaturdorf ist für viele Waldkappeler ihr Lieblingsort seit Kindertagen. In ihrer Jugend nutzten sie den Zugangsweg zum Tälchen als Rodelbahn, auf der man mit ein wenig Geschick seinen Schlitten bis ins Städtchen steuern konnte. Zu Beginn des neuen Jahrtausends lag das Mühlbachstälchen jedoch vollständig brach. Zahllose Bäume versperrten das Tal, sodass ein Durchkommen schon zu Fuß schwierig war. Im Februar 2011 begannen die Freunde des Waldkappeler Stadtparks mit der Reaktivierung der Miniaturwelt. Sie befreiten den Weg von Hölzern und zogen einen Graben, um den Pfad zu trocknen. Große umliegende Bäume wurden zerkleinert und entfernt. Zahlreiche weitere Arbeiten schlossen sich an. Im April 2017 baute die Gruppe »Lokales Bündnis für Familie in Waldkappel, Familienfreundliches Lebensumfeld« um den Stadtverordneten Peter Wennemuth die Kirche sowie die Häuser und Mühlen im Mühlbachstälchen wieder auf. Dabei wurde auch der Teich vertieft, um hinreichend Wasser für die beiden Mühlen in Bewegung zu setzen. Leider zerstörten Unbekannte bereits einen Monat später Teile des Miniaturdorfs, das später aber wieder aufgebaut wurde.

Wer das Miniaturdorf vom Wanderparkplatz Waldpark ansteuert, kann sich bereits entlang des Zugangswegs an einem alten, von sieben Linden umstandenen Steintisch und am wieder instand gesetzten Jungfernsteg, einer kleinen, originell gestalteten Eisenbrücke mit Liebesschlössern, erfreuen.

Adresse Miniaturdorf Mühlbachstälchen, 37284 Waldkappel, Zugang vom Wanderparkplatz »Waldpark«, Am Waldpark 1 | **Anfahrt** von Hessisch Lichtenau auf A 44 bis Abfahrt Waldkappel, im Kreisverkehr Richtung Waldkappel, links auf Leipziger Straße, links auf Gartenstraße, links auf Friedrich-Ebert-Straße, links auf Am Waldpark (Parkplatz) | **Tipp** Am Waldpark führt der Premiumweg P17 entlang: ein lauschiger Rundwanderweg über die Höhenzüge und durch die Täler rund um Waldkappel, auf dem man Besonderheiten wie den Knots-Keller, den Pionierturm und die Centbuche kennenlernen kann (18 Kilometer). Achtung: Im Winter wird das Miniaturdorf abgebaut.

79 Der Junkerhof

Der prächtige Bau derer von Boyneburg

Das bereits um 800 als Bischofeshusun erwähnte Bischhausen gilt als Kunst- und Kulturdorf. Auch wenn inzwischen viele Künstler verstorben oder verzogen sind, so kann man noch einige ihrer Kunstwerke im Dorf entdecken (siehe Tipp). Wer die herzliche, zugewandte Art der Menschen Bischhausens und die zahlreichen Besonderheiten des hübschen Dorfes genießen möchte, sollte sein Auto am besten auf dem Parkplatz nahe der alten Wehrkirche abstellen und von dort zu Fuß zu einer kleinen Entdeckungstour aufbrechen. Auf diese Weise stolpert man zwangsläufig über die vielen Sehenswürdigkeiten, an denen informativ aufbereitete Tafeln die Historie dieser Plätze beschreiben.

Neben der ehemaligen Wehrkirche und dem alten Amtsgericht gehört auch das Herrenhaus der Domäne (Junkerhof) zu den besonderen Plätzen im Dorf. Das stattliche Gebäude mit massivem Untergeschoss und zwei vorgelagerten Erkern gilt als eines der schönsten Fachwerkhäuser Nordhessens. Der Prachtbau diente zunächst vermutlich repräsentativen Zwecken und wurde um 1580 von Reinhardt von Boyneburg errichtet. Bereits 1446 hatte das damals in der Region herrschende Adelsgeschlecht der Boyneburger zu den bereits vorhandenen Ländereien und Höfen in Bischhausen beträchtlichen Grundbesitz von den Bursfelder Klostergütern erhalten. 1650 erwarb die hessische Landgrafenschaft zwei Drittel des boyneburgschen Besitzes und erschuf damit das »Landgräfliche Amt Bischhausen«. Der Überlieferung nach bestand der boyneburgsche Anteil aus 32 Häusern und Höfen, der landgräfliche aus 50. Mitte des 19. Jahrhunderts war der kurhessische Staat, später der preußische Staat Besitzer der Domäne. Die politische Gemeinde übernahm 1931 von der Domänenverwaltung sämtliche Besitzungen und verkaufte die Ländereien an 120 Kleinbauern und Arbeiter. Heute ist das beeindruckende Kulturdenkmal in Privatbesitz und wird als Wohnhaus genutzt.

Adresse Zum Junkerhof 4, 37284 Waldkappel, Zugang zum Beispiel vom Parkplatz an der Wehrkirche (Am Kirchplatz) | Anfahrt von Hessisch Lichtenau auf A 44 bis Ausfahrt Waldkappel, im Kreisverkehr weiter Richtung Eschwege (B 7), in Bischhausen rechts in den Steinweg, geradeaus über Am Kirchplatz zum Parkplatz, von dort zu Fuß zurück und rechts (Zum Junkerhof) | Tipp Im Garten der einstigen Wehrkirche und am Alten Amtsgericht kann man Skulpturen des verstorbenen Holzkünstlers Eckhard Krummel bestaunen.

80 Der Knots-Keller

Meeresspuren am Ziegenküppel

Einige Meter unterhalb des Ziegenküppels steht er, der sonderbare Felsen mit der Halbhöhle und dem nicht minder sonderbaren Namen. Für viele Menschen der umliegenden Dörfer ist der Knots-Keller ein Ort, von dem sie sich als Kinder fernhalten sollten. Man erzählte ihnen, dass es dort Geister gäbe. Im Winter, in der Zeit bis zur Bescherung, galt der Keller als Wohnort des Weihnachtsmanns. Es existiert auch die Geschichte von einem Einsiedler namens Knot (oder Kurt), der rund um die Höhle gehaust haben soll. Die Herkunft des Namens ist aber vermutlich eine andere: Schaut man sich den Felsen näher an, erkennt man, dass mehrere Wurzeln im Kalkgestein verwachsen sind. Da das Wort Knots auch Verwachsung bedeutet, wäre dies eine plausible Erklärung. Der Knots-Keller war früher ebenso als Knotshöhle bekannt.

Der Felsen selbst besteht aus porösem Zechsteindolomit. Das löchrige Erscheinungsbild und die Höhle gehen auf die Auslaugung von Gipsnestern im Gestein zurück. Die Gipseinlagerungen bildeten sich vermutlich bei der Entstehung des Dolomits. Beschaut man sich den Felsen und die beiden Felsbrocken am Eingang zum Keller genau, sieht man, dass sie über und über mit Muscheln besetzt sind. Auch das Hinweisschild am Knots-Keller weist auf einige Muscheln hin.

Neben dem Knots-Keller ist natürlich der Ziegenküppel, ein bis zu 445 Meter hoher Muschelkalk-Bergrücken mit einem spektakulären Aussichtsturm, eine Reise wert. Auf der Aussichtsplattform des 2009 errichteten Holzturms hat man eine wundervolle Aussicht über die Waldkappeler Berge bis hin zum Hohen Meißner und zur thüringischen Wartburg. Bei Regen findet man im unteren Teil des Turms (Burghöfer Hütte) einen Zufluchtsort.

Am Zufahrtsweg zum Aussichtsturm wurde am 11. Juli 2011 ein großer Ammonit gefunden – auch dies ist ein Hinweis darauf, dass am Ziegenküppel einst ein Meer lag.

Adresse zwischen 37284 Waldkappel-Rechtebach und -Burghofen | Anfahrt von Waldkappel (Friemer Straße) links (K 29) nach Rechtebach, Parkmöglichkeiten zum Beispiel am Ende der Holunderstraße (Ortsausgang gegenüber Kulchhof), von dort zu Fuß direkt bergan auf Weg 2 oder in den Ort und dort (Haselweg) Weg 2/Premiumweg P17 folgen (1,6 Kilometer bis zum Ziegenküppel) | Tipp Der Anstieg zum Ziegenküppel ist auch von Burghofen sehr reizvoll (2,8 Kilometer).

81 Am Elfengrund

Ein bezaubernder Rundweg und ein kleiner Wasserfall

Glitzernde Wässer, unzählige Schmetterlinge, ineinander verschlungene Bäume, ein geheimnisvolles Spiel von Licht und Schatten und leise Gesänge, die aus den Nebelschwaden über den Wiesen steigen: Ein Spaziergang am Elfengrund ist insbesondere denjenigen, die nicht mehr dem Zauber der Phantasie vertrauen, ans Herz zu legen.

Der Elfengrund war der Mythologie nach einer der Lieblingsplätze von Frau Holle, die zum Entspannen und Spielen oft mit einem großen Tross von Elfen und Wichteln vom Hohen Meißner anreiste. Man sagt, dass die Elfen am Elfengrund im Mondschein tanzten, sangen und vor Freude jubelten. Die Wichtel sollen vor Begeisterung über die Schönheit des Orts Purzelbäume geschlagen haben.

Einer der schönsten Flecken am Elfengrund liegt mitten im Wald und gilt als Lieblingsbadeort vieler Naturgeister: der Elfen-Wasserfall. In mehreren Stufen zerstäubt das Wasser über den moosbewachsenen Felsen. Der von einem sprudelnden Gebirgsbach (Gatterbach) gespeiste kleine Fall wird von funkelnden Lichtern durchflutet und kann von einer Aussichtskanzel bestaunt werden.

Um den Elfengrund zu erkunden, folgt man am Parkplatz dem Rundweg Elfengrund (Weg 2) am besten in Richtung Osten. Begleitet von Admiralen, Bläulingen und Braunen Bären, die aus den den Weg säumenden Gehölzen auffliegen, zieht der Pfad zu den Elfengrund-Wiesen, in ein malerisches Wäldchen und zum Wasserfall. Von dort führt der Rundweg über Stufen bergan und zieht nach einer Kehre durch einen herrlichen Kalkbuchenwald. Im letzten Wegdrittel, am Rande der Felder, lohnt ein Abstecher nach rechts. Dort lassen sich am Waldsaum zwei hoch aufgeschossene neogotische Torpfosten ausmachen, die den Eingang eines alten Friedhofs markieren. Dieses sogenannte Konsulsgrab (Erbbegräbnis Kalkhof, siehe Ort 83) mit seinen zum Teil ebenerdig stehenden Särgen diente auch als Gruselfilm-Kulisse.

Adresse Nahe 37281 Wanfried, Zugang vom Wanderparkplatz Elfengrund an der B 249. Der Rundweg Elfengrund ist vier Kilometer lang, bis zum Wasserfall hin und zurück sind es zwei Kilometer. | Anfahrt Von Eschwege auf B 249 in Richtung Wanfried / Katharinenberg. Der Parkplatz liegt hinter Wanfried linker Hand. | Tipp Wer länger wandern möchte, sollte den ebenfalls am Elfengrund vorbeiführenden Premiumweg P5 ausprobieren (zwölf Kilometer). Dieser passiert auch den Plesseturm, auf dem man eine wunderschöne Sicht auf das Werratal genießen kann.

82 Das Hochzeitsschiffchen

Wie ein Tierarzt den alten Hafen wieder aufbaute

Es war einer jener besonders denkwürdigen Momente im Leben. 2005 wurde der in Wanfried lebende und praktizierende Tierarzt Dr. Ernst-Wilhelm Kalden am Wanfrieder Hafen von einer Frau gefragt, wo sich der Wanfrieder Hafen befände. Tatsächlich war zu diesem Zeitpunkt von der Wanfrieder Schlagd, dem einstigen schmucken Endpunkt der Weser-Werra-Schifffahrt, kaum noch etwas zu sehen. Nur die alte Kaimauer und zwei hohe, zum alten Hafen gehörende Schlagdhäuser wiesen auf die vergangene Zeit hin.

Kalden, der die Schlagdhäuser kurz zuvor von seinem Vater geerbt hatte, beschloss, den einstigen Hafen wieder aufzubauen, und gründete den Förderverein Historischer Hafen. Bereits wenig später wurde mit den Arbeiten begonnen.

Heute zeigt sich die Hafenanlage in glanzvollem Licht. Die alten Häuser wurden prächtig herausgeputzt, es gibt eine lebhafte Hafen-Gastronomie und einen nostalgischen Blickfang namens »Wisera« – eine alte Werraschute, die der Tierarzt zu Beginn der Hafenarbeiten bei eBay erwarb. Das Wort Wisera kommt aus dem Lateinischen und bedeutet Wiesenfluss. (So nannten die Römer die Werra.) Gern erinnern sich die Wanfrieder an jenen Tag, als das Schiff unter dem Jubel der Menschen – die Kinder hatten schulfrei – durch die engen Gassen des Orts in den Hafen transportiert und zu Wasser gelassen wurde. Bis zur Instandsetzung der Schute waren allerdings mehr als 2.000 freiwillige Arbeitsstunden der fleißigen Hafenfreunde vonnöten gewesen.

Seit 2010 befindet sich auf dem hübschen Schiffchen auch die Außenstelle des Wanfrieder Standesamts. Auf dem schwimmenden Amt kann man selbst bei Hochwasser heiraten – am Ufer kommt man mit Hilfe von Traktorenwagen über dem Schlamm. In einem Hafen in den Ehehafen einzulaufen scheint für viele Menschen äußerst reizvoll zu sein: Seit die »Wisera« auch ein Hochzeitsschiffchen ist, hat sich die Zahl der Trauungen in Wanfried verdoppelt.

Adresse Wanfrieder Schlagd, Schlagdstraße 2, 37281 Wanfried, www.wanfriederhafen.de | Anfahrt von Eschwege zum Beispiel auf L 3244 (Auer Straße / Lange Straße) nach Wanfried, dort links (Schlagdstraße) und direkt vor der Werra wieder rechts (Parkplatz) | Tipp An der Hafen-Gaststätte Zur Schlagd kann man neben der »Wisera« ein weiteres Schiff, das »Brombeerchen«, bewundern. Im Lokal lässt sich auch in der angebauten Scheune des alten Schlagdhauses wunderbar speisen.

83 Der Kalkhof

Die Whisky-Wodka-Linie und das Wanfrieder Abkommen

Es steht im Halbschatten majestätischer Bäume an der ehemaligen deutsch-deutschen Grenze, stammt aus dem Jahr 1880 und war Ort eines einzigartigen Abkommens: das Herrenhaus von Gut Kalkhof. Zum Gut, das sich damals wie heute im Besitz der Familie von Scharfenberg befindet, gehören auch mehrere weitgehend zu Beginn des 19. Jahrhunderts errichtete Wirtschaftsgebäude, die heute als Reiterhof, als Unterstellplatz für Pferde und für die Schafszucht genutzt werden. Ein englischer Park mit Teich und Pavillon, ein landwirtschaftlicher Betrieb und einige Ferienwohnungen, die durch den Umbau aus den nicht mehr bewohnten Gebäuden entstanden, sind ebenfalls auf dem Kalkhof zu finden.

Am 17. September 1945 traten auf dem Kalkhof ranghohe amerikanische und sowjetische Offiziere zusammen, um die schwelenden Streitereien zwischen den Alliierten zu bereinigen. Ein Streitpunkt war die nahe der Grenze zwischen den Besatzungsmächten verlaufende Bahnverbindung zwischen Bebra und Göttingen, aufgrund der Trinkgewohnheiten der Besatzer im Volksmund auch als Whisky-Wodka-Linie bezeichnet. Auf der Linie, die vor allem für die Amerikaner bedeutsam war, kam es in der sowjetischen Besatzungszone (bei Werleshausen) mehrfach zu Provokationen und massiven Behinderungen von russischer Seite. Im sogenannten Wanfrieder Abkommen wurde ein Gebietstausch vereinbart, bei dem Werleshausen und Neuseesen der amerikanischen und die fünf hessischen Dörfer Sickenberg, Asbach, Vatterode, Weidenbach (Mackenrode) und Hennigerode der sowjetischen Zone zugeteilt wurden. Darüber hinaus wurde beschlossen, Wanfried in der amerikanischen Besatzungszone zu belassen. Nach dem Willen der Russen sollte die Werra als Grenzfluss zwischen den Besatzungsmächten fungieren – das nördlich der Werra liegende und von den Russen zum Teil bereits besetzte Wanfried wäre ansonsten der sowjetischen Zone zugesprochen worden.

Adresse nahe 37281 Wanfried, www.rittergut-wanfried.de, Zugang über die Stichstraße direkt von der B 249 oder (bessere Parkmöglichkeit) vom Wanderparkplatz Elfengrund an der B 249 | **Anfahrt** von Eschwege auf B 249 in Richtung Wanfried/Katharinenberg, der Parkplatz Elfengrund liegt kurz hinter Wanfried linker Hand, von dort zu Fuß dem nach links führenden Waldweg (in Richtung Wanfried) folgen | **Tipp** Vom Kalkhof führt ein schöner Fußweg nach Wanfried hinab. Auch der Elfengrund lässt sich erkunden.

84_Die Pestlinde

Ein letzter Gruß

Viele dachten, es sei der Beginn einer neuen, besseren Zeit. Der Dreißigjährige Krieg (1618–1648) war einige Jahre vorüber, und in Wanfried wurde die geplünderte und gebrandschatzte Stadt wieder aufgebaut. Insbesondere beim großen Stadtbrand 1626 waren viele Gebäude zerstört worden.

Zwischen 1625 und 1690 brachen in Deutschland jedoch mehrere Pestepidemien aus. Eine dieser Epidemien betraf 1682 auch Wanfried, die umliegenden Amte und das benachbarte Eichsfeld. Der Höhepunkt der Seuche wurde in Wanfried in den Herbstmonaten registriert, aber bereits am 20. Juni sperrte das Militär die Stadt ab. Niemand durfte in den »bannierten« Ort hinein oder aus ihm heraus. Auch Schiffe durften im Werrahafen nicht festmachen.

In der Stadt selbst stieg die Zahl der Todesfälle innerhalb weniger Monate drastisch an. Waren es im Frühling noch ein bis zwei Todesfälle pro Woche gewesen, so trug man im Herbst um die zehn Todesopfer pro Tag hinaus auf den Siechenacker vor der Stadt. Allein im Herbst starben 200 Personen, und über 40 alteingesessene Wanfrieder Familien starben aus.

Die Familie des »deutschen Schulmeisters und Meisters der Geige« Jakob Faber traf es ebenfalls hart: Er verlor in kurzer Zeit seine Eltern, Bruder, Frau und sieben seiner 15 Kinder. Am 3. August 1626 starb er selbst an den Folgen der Pest.

Der zu jener Zeit wegen seiner Hilfsbereitschaft und Selbstlosigkeit in Wanfried sehr geschätzte Pestpfarrer Johannes Gleim pflanzte seinem Freund und Kantor Jakob Faber nach Abflauen der Pest eigenhändig als letzten Gruß eine Linde auf sein Grab. Diese Pestlinde sollte zudem fünf Männern gedenken, die damals aufopferungsvoll ihren erkrankten Mitbürgern halfen.

Mit Beginn des Winters 1626/27 sanken in Wanfried die Opferzahlen der Pest, und im Frühjahr 1627 wurde die Stadt nach Ausräucherung ihrer Häuser wieder freigegeben.

Adresse Lindenweg 3, 37281 Wanfried | **Anfahrt** von Eschwege zum Beispiel auf L 3244 (Auer Straße/Lange Straße) nach Wanfried, dort links (Schlagdstraße) und direkt vor der Werra wieder rechts (Parkplatz), von dort zu Fuß über die Werrabrücke, links zur Schlagd und an der Schlagd vorbei, die Linde steht wenige Meter weiter rechter Hand | **Tipp** In Wanfried lohnt ein Stadtbummel auf eigene Faust. Beim Spaziergang durch das Zentrum lassen sich wunderschöne alte Häuser bewundern.

85 Das Mainzer Rad

Ein Traumpfad auf den Spuren deutscher Geschichte

Nahe dem hübschen Werradorf Altenburschla erheben sich der Karnberg, die Mainzer Köpfe und der Muhlienberg. Über die drei bewaldeten Berge führt der Premiumweg P12, ein heimeliger Rundweg, auf dem man malerische Aussichten genießen, stillen Waldpfaden auf alten Hohlwegen folgen und in verschiedene Epochen der deutschen Geschichte eintauchen kann.

So berührt P12 gleich mehrfach das Grüne Band, den ehemaligen Kolonnenweg entlang der einstigen deutsch-deutschen Grenze (heute Grenze zwischen Hessen und Thüringen). Dort befindet sich auch das westliche Ende der Agentenschleuse von Wendehausen. Diese Anfang der 1980er Jahre errichtete und oft auch als Stasitunnel bezeichnete Röhre diente zu DDR-Zeiten dem heimlichen Grenzübertritt und Materialtransport. Offiziell war der Tunnel allerdings ein Wasserdurchlass, allerdings 25-fach überdimensioniert und niemals wasserführend.

Nahe der Abbruchkante der Mainzer Köpfe, etwa auf halber Wegstrecke, liegt der wunderschöne Aussichtsplatz Kimms Ruh. Was es mit dem Namen des Ortes auf sich hat, erklärt ein dort ausliegendes Büchlein.

Wenige Meter neben diesem bezaubernden Ort steht ein Grenzstein aus dem 15. Jahrhundert. In ihn eingemeißelt ist das Mainzer Rad. Solche Steine markierten früher den Grenzverlauf des Kurfürstentums Mainz, dem das südliche Eichsfeld bis 1803 unterstellt war. Nach einer Überlieferung der Brüder Grimm geht die Entstehung des Mainzer Rades auf einen frommen Gelehrten namens Willeges zurück, der 1009 zum Bischof von Mainz gewählt worden war. Weil sein Vater aber nur ein armer Mann war, hassten ihn die adligen Stiftsgenossen und malten ihm zum Spott Räder an seine Schlosswände. Als der fromme Bischof davon erfuhr, ließ er einen Maler rufen, der ihm in alle seine Gemächer weiße Räder in rote Felder malen musste. Seither führen alle Bischöfe zu Mainz weiße Räder im roten Schild.

Adresse nahe 37281 Wanfried-Altenburschla, Zugang zum Beispiel vom Wanderparkplatz »Lehntal« an der B 250 (Startpunkt Premiumweg P12) | **Anfahrt** von Eschwege auf B 249 bis Wanfried, dann auf B 250 in Richtung Treffurt, der Parkplatz liegt linker Hand der Bundesstraße | **Tipp** Ein besonders schöner Platz in Altenburschla ist der historische Dorfanger, ein ehemaliger Gerichts- und Versammlungsort.

86 Die Wasserburg zu Aue

Kinderschreie am kleinsten Museum Hessens

Unweit von Wanfried schmiegt sich am Rande einer idyllischen Auenlandschaft ein kleines Dorf an die Werra. In der friedlich wirkenden Szenerie deutet nichts darauf hin, dass es in Aue, so der Name des Dorfs, mehrere Gebäude gibt, die der Sage nach mit einem dunklen Zauber belegt sind: Eines davon ist eine alte Wasserburg.

Die Wasserburg zu Aue ist zweifellos ein außergewöhnliches Gebäude: Abgesehen davon, dass es nicht auf einer aussichtsreichen Erhebung erbaut wurde, sondern zwischen umstehenden Häusern und Gehöften versteckt steht, ist es auch auffällig klein. Nachdem die im 12. Jahrhundert errichtete Burg durch einen mysteriösen Brand im Jahr 1637 (zur Zeit des Dreißigjährigen Kriegs) bis auf einen kleinen Teil des Mauerwerks und einige tiefer liegende Räumlichkeiten zerstört wurde, geriet sie allmählich in Vergessenheit. Noch vor wenigen Jahrzehnten umrankten dornige Kletterpflanzen die abgesperrten Mauerreste, inmitten der Burg gedieh sogar eine Linde. Seit einigen Jahren wird die Burg zu Aue restauriert, und man findet Erstaunliches: Waschschüsseln, Geldmünzen, Ofenkacheln mit Bibelmotiven und sogar versteckte Kammern und Hohlräume. Inzwischen befindet sich im Burgturm – er wurde erst 1920 aus dekorativen Gründen errichtet – das kleinste begehbare Museum Hessens. In einem nur vier Quadratmeter großen Raum werden die bedeutendsten Funde gezeigt.

Zu den düsteren Geschichten um die Burg gehört jene Dorfsage, nach der beim Bau der Burg ein Kind mit einem Stück Brot in der Hand zwischen den Burgwänden lebendig eingemauert wurde. Die reine Seele des Kindes sollte die bösen Geister vom Hause fernhalten. Feine Ohren sollen noch heute in den Mauern klägliche Schreie vernehmen. Nachdem die Burg niederbrannte, soll im Mauerschutt ein fremdländischer Giftbaum gewachsen sein. Der Duft seiner Blätter sollte Mutterglück vernichten und die Seele eines Kindes töten können.

Adresse Wasserburg Aue und Turmmuseum, Lange Straße 47a, 37281 Wanfried-Aue, Zugang zum Beispiel von der Rasenstraße (Parkplatz) | Anfahrt Von Eschwege auf B 249 bis Frieda, von dort die Landstraße nach Aue (ein Kilometer). Der Parkplatz liegt hinter dem Dorfeingang links. Der zwischen den Gehöften hindurchführende Fußweg endet an der Burg. | Öffnungszeiten (Museum) auf Anfrage bei Gerd Köditz, Tel. 05651/60824 | Tipp Ein weiterer Sagenort ist das Rittergut zu Aue, ein Holzbau mit breiter Front und Erkern, 1576 von Reinhard von Eschwege in Sichtweite der Burg erbaut. Der Sage nach spuken in dem alten Gut zwei Frauen.

87 Der Bahnhof Großburschla

... lag im Westen, das Dorf jedoch im Osten

Es scheint fast so, als müsse sich der Bahnhof Großburschla noch immer von seiner bewegten Vergangenheit erholen. Ermattet und still steht er da, nur wenige Häuser finden sich in seiner Nähe. Züge halten hier schon lange nicht mehr. Noch vor einigen Jahrzehnten barg die Gegend erhebliche verkehrspolitische Herausforderungen. Grund dafür war ihre besondere topografische Lage.

Der Bahnhof Großburschla liegt in der Gemarkung Heldra und gehört damit zu Hessen, das Dorf Großburschla ist jedoch thüringisch und lag zu Zeiten der deutsch-deutschen Teilung in der DDR. Bis zum Zweiten Weltkrieg war die Eigentümlichkeit des Orts kein Problem. Der Bahnhof Großburschla wurde im Mai 1902 wenige Jahre nach der Eröffnung der Strecke zwischen Schwebda (hessisch) und Treffurt (thüringisch) errichtet. Mit dem Bahnhof entstand eine Bahnhofsgaststätte, rasch siedelten sich im Umfeld Gewerbebetriebe an. Politisch gehörte die Siedlung von Beginn an zu Heldra, Verbindungen bestanden jedoch vorwiegend in das näher gelegene Großburschla, in welchem die Kinder des Ortes noch bis 1952 zur Schule gingen.

1945 wurden infolge der Festlegungen der Konferenz von Jalta und der Aufteilung Deutschlands in Besatzungszonen Heldra und der Bahnhof Großburschla der amerikanischen, Großburschla hingegen der sowjetischen Besatzungszone zugeteilt. Durch die entstehende innerdeutsche Grenze wurde Großburschla von seinem Bahnhof allmählich abgeschnitten. Die Bahnstrecke zwischen Heldra und Treffurt wurde ab dem 3. Juli 1945 unterbrochen, der Eisenbahnverkehr bis nach Heldra jedoch bis 1970 eingeschränkt aufrechterhalten. Der Personenverkehr zwischen Wanfried und Heldra endete am 25. September 1966 und wurde später von Bahnbussen übernommen. Vier Jahre später wurde der Bahnhof Großburschla neuer Endpunkt für den verbliebenen Güterverkehr. 1993 wurde die Strecke endgültig stillgelegt und kurz darauf abgebaut.

Adresse Bahnhof Großburschla, Am Bahnhof, 37281 Wanfried-Heldra | **Anfahrt** von Eschwege auf B 249 und B 250 über Wanfried in Richtung Treffurt, vor Heldra rechts abbiegen auf K 6 zum Bahnhof Großburschla | **Tipp** Ein Spaziergang durch das thüringische Dorf Großburschla lohnt sich ebenso wie ein Bummel durch Heldra. 2003 wurde Heldra als schönstes Dorf Hessens ausgezeichnet. Achtung: Der Bahnhof Großburschla ist in Privatbesitz und bewohnt – der Eigentümer bittet darum, einen respektvollen Abstand zum Haus einzuhalten.

88 Der Kleegarten

Speisen, übernachten und träumen

Er ist ein idyllischer Garten, ein charmantes Ausflugslokal und eine romantische Herberge. Er ist auch ein altes Fachwerkensemble, ein Ort der Kunst, ein Platz für Detailliebende und ein Ort zum Träumen. Ein Platz mit einer bewegten Vergangenheit und einer lebendigen Gegenwart: der Kleegarten im Herzen von Heldra, bekannt auch als Franck'sches Gut.

Ende des vergangenen Jahrtausends war es fast zu spät. Im Hof des einst stolzen Anwesens türmte sich der Müll, die Scheune war halbseitig eingestürzt, und an das einstige Backhaus erinnerten nur noch zwei Balken. Auch das Wohnhaus war in einem schwer erträglichem Zustand. Zur Vermeidung von Gefahren ordnete die Bauaufsichtsbehörde den teilweisen Abriss des Anwesens an.

Der Wanfrieder Arzt Helmut Pippart wollte das Ende des Guts jedoch nicht hinnehmen und kaufte es auf. Daraufhin passierte Großartiges: Es gründete sich eine Bürgerinitiative, die Pippart darin unterstützte, das aus dem 17. und 18. Jahrhundert stammende Gut wieder aufzubauen. Innerhalb von drei Jahren war mehr als das Gröbste geschafft, und das Ergebnis fand weit über Heldra hinaus Anerkennung. Pippart und seine fleißigen Mitstreiter wurden 2002 mit dem Hessischen Denkmalschutzpreis, 2003 mit dem Deutschen Denkmalschutzpreis und 2004 mit dem Deutschen Fachwerkpreis ausgezeichnet. Die Preise wurden nach Lesart der Fachjurys unter anderem damit begründet, dass im Innenraum des Anwesens auf eine stilgerechte Möblierung Wert gelegt und Originale wiederhergestellt wurden. Auch die Gestaltung von Garten und Hof hätte nicht an Originalität verloren.

Wer heute den Kleegarten besucht, kann sommertags in einem heimeligen Garten mit Blumenrabatten und alten Bäumen (Eingangspforte!) dinieren und sich an der im Haus ausgestellten Kunst erfreuen. Das Ehepaar Pippart kreiert dank einer jahrzehntelangen Sammelleidenschaft für alte Dinge immer wieder eigene Ausstellungen.

Adresse Vor der Lücke 1, 37281 Wanfried-Heldra, Tel. 05655/923444, www.herberge-im-kleegarten.de | **Anfahrt** von Eschwege auf B 249 und B 250 über Wanfried in Richtung Treffurt, rechts abbiegen auf L 3244 nach Heldra, der Kleegarten liegt linker Hand | **Öffnungszeiten** Frühjahr–Herbst Mi, Do 17–22 Uhr, Fr, Sa 14–22 Uhr, So 10.30–21 Uhr | **Tipp** In der zum Gut gehörenden Kulturscheune finden Konzerte und Lesungen statt. Spannend ist es, im Kleegarten zu übernachten: Neben normalen Fremdenzimmern stehen Strohsacklager und Wohnwagen in vielen Farben zur Verfügung.

89 Vom Habichtsberg zur Blauen Kuppe

Der stille Höhenweg zum Vulkan

Der Habichtsberg zwischen Reichensachsen und Eschwege hat sich seinen Namen wohl verdient. Über den weiten Feldern des Bergplateaus kreisen fast immer ein paar Greifvögel. Neben Mäusebussarden sind es vor allem Habichte, die vom nahen Schliersbachwald kommend hoch über der Kulturlandschaft nach Beute suchen. Die erwachsenen, auf der Unterseite weißen Habichte sind an ihrer dunkelbraunen Querbänderung gut zu erkennen. Zwischen 900 und 1.200 Paare des Mäusejägers, der 2015 vom NABU zum Vogel des Jahres gewählt wurde, soll es derzeit in Hessen geben. Etliche von ihnen brüten im Werra-Meißner-Kreis.

Ein Spaziergang für Genießer ist der einsame Höhenweg, der sich von Reichensachsen zum Vulkan der Blauen Kuppe windet. Entlang dem drei Kilometer langen Asphaltsträßchen auf dem Habichtsberg kann man die Flugbahnen der Greifvögel, die Hügelketten jenseits der Felder und eine wundervolle Stille genießen. In allen Himmelsrichtungen erheben sich die Berge, der Hohe Meißner liegt nach dem Aufbruch in Reichensachsen stets im Rücken.

Spektakulär ist der Besuch der Blauen Kuppe. Die Vulkangesteine der beiden Kessel sind die Reste eines Doppelschlotes, der sich bei seiner Entstehung vor etwa elf Millionen Jahren in circa 200 Meter Tiefe bildete. Durch das glutflüssige Magma entfärbte sich der Sandstein nahe der Schlote, und die tonigen Zwischenlagen wurden dunkler. Diese geologische Besonderheit wurde 1839 von Lorenz Oken in seiner »Naturgeschichte« und 1845 von Alexander von Humboldt in seinem »Kosmos« beschrieben.

Ihre heutige Gestalt erhielt die Blaue Kuppe durch die vom 17. Jahrhundert bis 1910 anhaltende Nutzung als Steinbruch. 1910 wurde die Blaue Kuppe unter Naturschutz gestellt. Der Sage nach ist der Vulkan ein von Frau Holle aus ihrem Schuh entfernter Kiesel.

Adresse Höhenweg nahe Reichensachsen und Eschwege, Zugang über Hermann-Löns-Straße, 37287 Wehretal-Reichensachsen | **Anfahrt** von Eschwege auf B 452 bis Reichensachsen, dort links in Blaue-Kuppe-Straße, dann links (Kantstraße), rechts (Lessingstraße), links (Hermann-Löns-Straße, Parkplätze), dieser Straße zu Fuß immer weiter folgen | **Tipp** Der aussichtsreiche Rundweg um die Blaue Kuppe (ein Kilometer) lohnt sich sehr. Wer sich allmählich wieder dem Stadtleben nähern möchte, kann über Wiesen und Felder den Premiumweg P3 nach Eschwege hinabsteigen (fünf Kilometer, von dort Bahnverbindung zurück nach Reichensachsen).

90_Das Erbbegräbnis der Familie von Eschwege

Eindrucksvolle Gräber am steilen Waldesrand

Nahe dem Hohen Meißner schmiegt sich das kleine Dorf Vierbach in eine bezaubernde Landschaft. Die Siedlung im Vierbachtal ist umgeben von Hügelketten mit Wiesen, Weiden und Wald. Deutlichstes Zeichen der Zivilisation ist die Landstraße 3242, die von Reichensachsen durch Vierbach zum Meißnerdorf Germerode führt. Vierbach entstand 1936 aus den Gemeinden Wipperode und Bernsdorf. Beide Gemeinden sind schon sehr alt: Wipperode wurde urkundlich erstmals im Jahr 980 als Wicbrahterod, Bernsdorf erstmals 1195 als Berharsdorf erwähnt.

Begibt man sich in Vierbach auf den Radweg nach Reichensachsen, gelangt man nach knapp drei Kilometern zum Fuße des Rohenbergs. Dort lässt sich ein imposanter Friedhof entdecken: die Erbbegräbnisstätte der Familie von Eschwege. Der durch hohe Bäume eingefriedete Ort strahlt eine ruhige, friedvolle Stimmung aus.

Die Erbbegräbnisstätte zwischen Vierbach und Reichensachsen wurde 1861 von den Herren von Eschwege angelegt. Die auf dem Friedhof an der Haingasse in Reichensachsen ruhenden Familienmitglieder wurden damals zum neuen Gewölbe des Erbbegräbnisses umgebettet. 1905 wurde aus einer Stiftung des verstorbenen Rittmeisters Rudolf von Eschwege eine weitere, nach ihm benannte Gruft in unmittelbarer Nähe errichtet. Zeitgleich wurden vor dem Gewölbe 24 ausgemauerte Gräber angelegt, um für alle Mitglieder des Hauses Eschwege, die nicht in einem der beiden Gewölbe beigesetzt werden wollten, eine Ruhestätte zu schaffen. Zwischen den Gewölben wurden während des Ersten Weltkriegs die gefallenen Mitglieder der Familie von Eschwege beigesetzt.

Zum Erbbegräbnis gehört auch ein Steinkreuz über den Gräbern im Wald. Die ebenfalls sehenswerte Ruhestätte der Familie von Stillfried und Rattonitz befindet sich oberhalb des Erbbegräbnisses.

Adresse Vierbachtal zwischen 37287 Wehretal-Vierbach und -Reichensachsen | **Anfahrt** von Eschwege auf B 452 bis Reichensachsen, dort rechts auf Bahnhofstraße, B 27 überqueren und geradeaus auf L 3243 nach Vierbach, von dort zu Fuß | **Tipp** Zwischen Reichensachsen und Vierbach unterquert man die 1877 errichtete, unter Denkmalschutz stehende Vierbachbrücke. Die marode Eisenbahnbrücke aus Sandstein war Teil der ehemaligen Kanonenbahn, die von Berlin nach Metz führte. Im Mai 1985 fuhr letztmals ein Zug über die Brücke.

91 Der Entschleunigungswald

Atmen, einfach nur atmen

Manchmal bedarf es einer nachhaltigen Aktion, um uns an Dinge zu erinnern, die uns guttun. Wälder sind Balsam für die Seele. Ausgiebige Spaziergänge im Wald lindern Ängste und Depressionen. Wälder sind Orte der Ruhe und Entspannung, sie schenken Freude, Kraft und helfen uns, uns auf uns selbst zurückzubesinnen. Begriffe wie Entschleunigung und Waldbaden wurden zunächst als Modewörter belächelt, ihr Wert ist jedoch wissenschaftlich erwiesen. Natürlich ist der Wald auch für die Sauerstoffbildung und als Nahrungs- und Rohstoffquelle für den Menschen essenziell.

Um den Wert der Wälder zu würdigen, wurde in Weißenborn, der kleinsten eigenständigen Gemeinde Hessens, im August 2019 ein »Entschleunigungswald« eröffnet. Auf dem kleinen Terrain am Rande des Dorfs steht eine Tafel mit Informationen zum Waldbaden und einer Kurzanleitung zur Atemmeditation. Neben der Tafel laden eine Holzsitzbank und aus Holz geschnitzte Stühle zum Verweilen ein; über ihnen prangt ein Schild mit der Aufschrift »Waldtherapiezentrum Weißenborn«. Wenige Meter weiter im Wald kann man auf mehreren Liegen entspannen, träumen, meditieren oder in die Kronen der Buchen blicken.

Das Weißenborner Projekt geht auf den bekannten Kasseler Buchautor und Ayurveda-Koch Volker Mehl zurück, der 2011 in Weißenborn einen Kochkurs anbot. Aus diesem Erstkontakt entwickelte sich 2016 das Vorhaben, das durch den Heimatverein Weißenborn unter Leitung von Gerd Morgenthal umgesetzt und von der Sparkassenstiftung gefördert wurde. Mittlerweile ist der Heimatverein auch der Träger des Waldtherapiezentrums. In diesem Zentrum sollen regelmäßig Veranstaltungen zum Thema Entschleunigung angeboten werden. Ein besonderes Anliegen ist Volker Mehl, den Wäldern wieder mit deutlich mehr Respekt zu begegnen. Am Eröffnungstag bot er Meditationen und andere Praktiken zur Entschleunigung an.

Adresse nahe Parkplatz »Bergschlösschen«, L 3330 bei 37299 Weißenborn | **Anfahrt** von Eschwege auf L 3244, durch Oberdünzebach und auf L 3330 bis zum Parkplatz (höchster Punkt vor der nach Weißenborn hinabführenden Straße), von dort zu Fuß: rechts in den Waldweg (Wegweiser Waldbaden) einbiegen, der Entschleunigungswald liegt 400 Meter weiter linker Hand | **Tipp** Ein Spaziergang durch das ruhige Dorf mit seinen freundlichen, hilfsbereiten Menschen ist ebenfalls wohltuend.

92 Die Sühnesteinkreuze

Wer brachte hier wen um?

Gut oder böse, hell oder dunkel? Es gibt einige Menschen, die im Umfeld der beiden auffälligen Steingebilde im Herzen von Weißenborn eine besondere Energie wahrnehmen. Die zwei Steine stellen ein Kreuz beziehungsweise den Rest eines Kreuzes dar: Der aus Muschelkalk bestehende Sühnestein ist zweiarmig, der aus Sandstein geformte besitzt nur einen Arm.

Sühnesteine, auch Mordwange oder Mordsteine genannt, sind der Definition nach aus dem Mittelalter stammende Gedenksteine, die an einer Stelle errichtet wurden, an der ein Mord geschah. Dies trifft vermutlich auch auf die Sühnesteinkreuze in Weißenborn zu. Zwei Überlieferungen berichten davon, dass es an dieser Stelle einst zu einem Doppelmord kam, bei dem sich zwei Menschen gegenseitig töteten. Möglicherweise ist dies der Grund, warum an dem Ort zwei Steine aufgestellt wurden.

Nach der ersten Überlieferung waren es ein Schäfer und ein Bauer, nach der zweiten ein Ritter und ein Bauer, die in Streit gerieten, wobei der Erstere einen Arm und der Letztere ein Bein verlor. Sie starben an den Folgen ihrer Verwundungen. Eine dritte Überlieferung erzählt von einem hübschen, lebensfrohen Schäferjungen, in den sich die Tochter eines wohlhabenden Bauern verliebte. Der Vater der Tochter tolerierte die Verbindung der beiden Liebenden nicht und drohte, seine Tochter vom Hof zu jagen. Als sie ihm offenbarte, dass sie schwanger sei, fand man den Schäferjungen alsbald erschlagen auf dem Feld. Der Täter konnte nicht ermittelt werden. Das Mädchen starb aus Gram noch vor der Niederkunft, der Bauer nahm sich das Leben.

Ob eine dieser Geschichten wahr ist oder ob ein anderes Ereignis zum Aufstellen der Steine führte, ist unklar. Es gelang bislang nicht, den Steinen ein urkundlich nachweisbares Ereignis zuzuordnen. Wann die Steine aufgestellt wurden und warum das Sandsteinkreuz nur einen Arm besitzt, ist ebenfalls nicht bekannt.

Adresse Rambacher Straße / Ecke Großburschlaer Straße, 37299 Weißenborn | Anfahrt von Eschwege auf L 3244, durch Oberdünzebach und auf L 3330 nach Weißenborn (Eschweger Straße), im Dorf links auf Mittelgasse, weiter bis zur Rambacher Straße | Tipp Sehr lohnend ist auch ein Ausflug in das benachbarte Weißenborn-Dörfchen Rambach. Die im Text erwähnte dritte Überlieferung wurde von Otto Blüse, einem Weißenborner Chronisten, auf der Schautafel an den Sühnesteinen ausführlich niedergeschrieben.

93 Der Sagenpfad zur Graburg

Ein bezaubernder Weg zum höchsten Ringgau-Plateau

Wenn man von Weißenborn zum Felsplateau der Graburg aufschaut, verwundert es nicht, dass sich im Ringgau einst Ritter und Grafen inspiriert fühlten, auf den Kalkspornen der rauen Plateauberge wehrhafte Burgen zu errichten. Die Muschelkalkscholle des Ringgaus mit ihren Bergplateaus ähnelt aber auch ohne menschliches Zutun einer schwer einzunehmenden Festung. Mit ein wenig Phantasie kann man in den Felswänden und vorspringenden Felstürmen von der Natur erschaffene Burgen entdecken. Die Graburg, mit ihrer 515 Meter hohen Rabenkuppe die höchste Erhebung im Ringgau, ist eine solche Phantasieburg: Geschichtliche Hinweise auf eine echte Burganlage auf diesem Berg gibt es nicht. Viele Sagen wissen allerdings von einer einstigen Burg zu berichten.

Ein berückend schöner Weg zur Graburg startet am gleichnamigen Wanderparkplatz südöstlich des Dorfs. Der auch als Sagenpfad bezeichnete Weg führt rasch in den Wald hinein und zieht dann nach links. Ehrwürdige Eiben, die unter Buchenkronen gedeihen, geheimnisvolle Düfte und das matt schimmernde Waldlicht gehören zu den besonderen Wegbegleitern. Kurz nachdem der Weg unter den Felsen der Schäferburg hindurchführt, erreicht er die Stille des Bergplateaus. Die Schäferburg, die man auf schmalem Grat erklettern kann, ist einer der Sagenorte auf dem Graburg-Plateau. Man sagt, dass dort die Tochter eines Burggrafen in mondhellen Nächten aus wunderfeinem Garn das Gewebe eines Brautschleiers spinnt. Den Schleier soll sie dann zur Schäferburg tragen. Mondnacht für Mondnacht muss sie dies tun, weil sie sich mit ihrer Arbeit stets verspätet.

Wer eine wunderschöne Aussicht genießen mag, geht auf dem Plateau bis zur Erikahütte weiter. Dort, am Aussichtspunkt »Anger«, kann man seinen Blick über Weißenborn und die Ketten der Werratalberge schweifen lassen.

Adresse nahe 37299 Weißenborn, Zugang vom Wanderparkplatz »Zur Graburg« (Rambacher Straße, L 3330 zwischen Weißenborn und Rambach) | Anfahrt Von Eschwege auf L 3244, durch Oberdünzebach und auf L 3330 nach Weißenborn, von dort weiter Richtung Rambach. Der Parkplatz liegt 400 Meter hinter dem Ortsausgang linker Hand. Von dort zu Fuß: den Beschilderungen in Richtung Schäferburg und Erikahütte (Anger) folgen. | Tipp Der Premiumweg P15 (14 Kilometer) zieht über die Höhen rund um Weißenborn und streift dabei neben der Erikahütte auch die einstige deutsch-deutsche Grenze. Achtung: Wer dem steilen Kirschpfad zur Erikahütte folgt, verpasst den Sagenpfad.

94 Das Biocafé Ringelnatz

Hier ist es urgemütlich und die Kultur lebendig

Mit freudigen Augen blicken die Menschen zur Bühne. Es ist einer jener Nachmittage, an denen man im liebevoll dekorierten Hinterhofgarten des Cafés eine Kulturveranstaltung genießen kann. Musiker, Schriftsteller, Schauspieler und Kleinkünstler aller Art reichen sich im Biocafé Ringelnatz regelmäßig die Hände. Heute hat Uwe Arends, der Besitzer des heimeligen Platzes, drei Gospelsängerinnen aus Göttingen eingeladen. Bevor die Musikerinnen ihre Stimmen erheben, begrüßt Arends die Anwesenden mit einem Gedicht, dem sogenannten »Ringelnatz«. Manchmal sind es derer auch zwei oder drei, die Arends lächelnd im Verlauf einer Veranstaltung vorträgt. Oft, aber nicht immer stammen sie aus der Feder seines Lieblingsdichters Joachim Ringelnatz.

Es war 2010, als der beliebte Antiquitätenhändler Arends wenige Meter neben seinem ehemaligen Antiquariat, dem Sammelsurium Arends – dort befindet sich inzwischen die Tourist-Information –, ein hübsches Fachwerkhaus erwarb. In dem Ende des 18. Jahrhunderts erbauten Preuß'schen Haus richtete Arends das Biocafé und zwei Wohnungen ein.

Das Café Ringelnatz ist ein echter Wohlfühlort, an dem man die Zeit vergessen und träumen, aber auch tolle Tagesgerichte, hausgemachte Kuchen und Torten schlemmen kann. Darüber hinaus ist das Café das erste Biobistro im Werra-Meißner-Kreis: Alle im Café verwendeten Lebensmittel und Getränke stammen aus biozertifizierten und nach Möglichkeit regionalen Betrieben. Zu den Schönheiten und Kuriositäten des Cafés gehören sein bunt bestückter alter Bücherschrank und andere antiquarische Möbel, ein Literatomat, der den Gast mit gedruckten Ringelnatz-Gedichten beschenkt (ein Gedicht 50 Cent), ein anheimelnder Ofen, winzig kleine Toiletten – eine von ihnen sollte man vorsichtshalber nur rückwärts betreten – und natürlich der erwähnte Hinterhofgarten mit urigen Sofas, gediegenen Sesseln und spannenden Menschen.

Adresse Steinstraße 12, 37213 Witzenhausen, Tel. 05542/6199785, www.ringelnatz-witzenhausen.de | **Anfahrt** Parkplätze in der Innenstadt (Steinstraße) | **Öffnungszeiten** Mo–Fr 10–17 Uhr, Sa 12–17 Uhr sowie bei Veranstaltungen | **Tipp** Wenige Meter vom Café entfernt kann man das ehemalige Wilhelmitenkloster, heute Sitz der Agrarwissenschaftlichen Fakultät der Universität Kassel, bestaunen. Die heutige Mensa diente einst sogar als Schafstall.

95 Europas größte Kaffeeplantage

Im Gewächshaus für tropische Nutzpflanzen

Sie liegt im tropischen Hochland, Abteilung Kaffeehaus: die größte Kaffeeplantage Europas. Zumindest sind öffentlich keine gegenlautenden Aussagen bekannt. Zwischen den ledrigen Blättern, weißen Blüten und samigen Kirschen der Kaffeepflanzen zu flanieren ist eine wahre Freude für die Sinne. Kaffee, Tee, Kakao, Bananen und Erdnüsse: Man kennt die Produkte, aber wie sehen die Pflanzen aus, von denen sie geerntet werden?

Im Gewächshaus für tropische Nutzpflanzen (kurz Tropengewächshaus) der Universität Kassel gedeihen mehr als 450 verschiedene Pflanzenarten – allesamt Pflanzen, deren Bestandteile vom Menschen verwendet beziehungsweise zur Weiterverarbeitung genutzt werden. Das ist der große Unterschied zu entsprechenden Anlagen in botanischen Gärten. Das Gewächshaus dient der Lehre und Forschung, unterstützt die Studierenden bei der Ausbildung und die Wissenschaftler bei Fragestellungen zum tropischen Pflanzenbau. Zu bestimmten Zeiten ist das Gewächshaus aber auch der Öffentlichkeit zugänglich.

Der sich durch das Gewächshaus ziehende Rundgang entführt den Besucher auf einer Fläche von 1.200 Quadratmetern in die Pflanzenwelt der Subtropen und in das Hoch- und Tiefland der Tropen. Ein wichtiger Bestandteil der Pflanzenpflege im Tropengewächshaus ist die biologische Schädlingsbekämpfung. Wer genau hinschaut, entdeckt an vielen Pflanzen Nützlinge wie zum Beispiel die Florfliege.

Bereits 1902 entstand in Witzenhausen das erste Tropengewächshaus. Es wurde von der »Deutschen Kolonialschule für Landwirtschaft, Handel und Gewerbe« für die Ausbildung ihrer Schüler genutzt. Der bauliche Kern des heutigen Gewächshauses stammt aus dem Jahr 1965. 1987 wurde ein Mehrzweckbereich, 1995 ein Forschungskomplex angebaut.

Adresse Steinstraße 19, 37213 Witzenhausen, Tel. 05542/981231, www.tropengewaechshaus.de | **Anfahrt** Parkplätze in der Innenstadt. Vom Markt kommend geht man in die Steinstraße, dort vor der Volkshochschule links, der Eingang liegt linker Hand. | **Öffnungszeiten** Mi, Fr, Sa, So und Feiertage 14–16 Uhr, öffentliche Führung Sa 14 Uhr | **Tipp** Von Mai bis Oktober kann auch die Nutzgartenfläche hinter dem Tropengewächshaus besucht werden. Dort lernt man Beerenobst, Heil- und Küchenkräuter kennen.

96 Die Jacob-Grimm-Statue

Die unvergessene Freiheitsrede

Die Brüder Grimm waren nicht nur Volkskundler und Märchensammler, sondern auch hochgebildete Sprachwissenschaftler und angesehene Juristen. Sie galten als politisch engagiert, meinungsfreudig und mutig. Als Ernst August I., der neue König von Hannover, nach seiner Amtseinführung im Jahr 1836 die bescheidene liberale Verfassung seines Vorgängers außer Kraft setzte, setzten sich Jacob Grimm und sechs weitere Professoren der Göttinger Universität (die sogenannten Göttinger Sieben) gegen das absolutistische Gebaren des Königs zur Wehr. Daraufhin wurden alle sieben Professoren entlassen, Jacob Grimm und zwei weitere Gelehrte mussten binnen drei Tagen das Königreich verlassen. Auf ihrer Reise nach Kassel kamen die Flüchtenden durch Witzenhausen, wo ihnen Studenten und andere Sympathisanten an der Werrabrücke einen triumphalen Empfang bereiteten. Eine Abordnung von Studenten half den Professoren aus der Kutsche und führte sie über die Brücke in die Stadt, wo sie im Gasthaus Zur Krone übernachteten. Gerührt von all den Sympathien richtete Jacob Grimm am Mittag des folgenden Tages – es war der 17. Dezember 1837 – vor der Weiterreise am Rathaus noch einmal das Wort an die Menge: »Meine lieben Freunde: Sie fassen noch alle die Verhältnisse des Lebens in Reinheit auf; Ihre Herzen sind noch empfänglich für die Erkenntnis des Rechten. Bewahren Sie sich dieses einzig schöne Besitztum bis ins späte Alter, so werden Sie Ihr Leben in Frieden vollenden. Vergessen Sie mich nicht.«

Zur Erinnerung an die Freiheitsrede wurde am 17. Dezember des Grimmjahres 2013 am Marktplatz der Stadt die Jacob-Grimm-Statue aufgestellt. Das von der Grebensteiner Künstlerin Karin Bohrmann-Roth entworfene und gestaltete 1,80 Meter hohe Denkmal – es zeigt Jacob Grimm, wie er zu den Studenten spricht – wurde von Jürgen Rippel gespendet, einem Ex-Witzenhäuser Marketingexperten von der Hochschule Ansbach.

Adresse Marktplatz, 37213 Witzenhausen | **Anfahrt** Parkplätze in der Innenstadt (Walburger Straße, Steinstraße) | **Tipp** Der Marktplatz mit seinen (nach vielen Diskussionen erhalten gebliebenen) Platanen und dem ehrwürdigen Rathaus ist ein beliebter Treffpunkt in der Stadt. Aus dem Kump, dem Brunnen auf dem Marktplatz, sprudelte früher zur Wahl der Kirschenkönigin echter Kirschsaft.

97 Die Kirschwanderwege

Ein weißes Blütenmeer – und noch viel mehr

Wer im April das Werratal besucht, kann rund um Witzenhausen ein einzigartiges Naturphänomen bestaunen: Mehr als 120.000 Kirschbäume tauchen dann die Region in ein weißes Blütenmeer. Die Kirschenplantagen bei Witzenhausen gehören zu den größten und ältesten geschlossenen Kirschenanbaugebieten Mitteleuropas. Bereits 1573 wurde die »Kersebeere« zum ersten Mal in Witzenhäuser Urkunden erwähnt. In Witzenhausen dreht sich vieles um das Thema Kirsche. So wird in der Kirschenstadt seit 1967 alljährlich eine Kirschenkönigin gewählt. Sie und ihre Prinzessinnen repräsentieren die Stadt Witzenhausen bundesweit auf zahlreichen Veranstaltungen. Die Krönung der Königin erfolgt auf der Kesperkirmes (kesper: altdeutsch für Kirsche), bei der traditionell der Kirschenernte gedacht wird. Auch die Deutsche Meisterschaft im Kirschsteinweitspucken findet jedes Jahr zeitgleich zur Kesperkirmes statt.

Im Ortsteil Wendershausen befindet sich seit Beginn der 1980er Jahre eine Obstbauversuchsanlage, in der 60 alte Kirschsorten angebaut und moderne Formen des Kirschenanbaus getestet werden. Seit 2007 ist Witzenhausen zudem Teilstandort der Deutschen Genbank Kirsche, die sich insbesondere mit dem Sortenerhalt der Kirschen beschäftigt.

Wer durch die Schönheit der Witzenhäuser Kirschgewächse spazieren mag, dem bieten sich viele Möglichkeiten. Auf den drei liebevoll gewarteten Kirschwanderwegen rund um die Stadt verraten Infotafeln Wissenswertes zum Witzenhäuser Kirschenanbau in den letzten 100 Jahren (Weg 3), auf Weg 2 werden unter anderem historische, mit Poesie und Humor gespickte Postkartenmotive gezeigt. Auf Weg 1 und 2 kann man malerische Blicke auf Burg Hanstein und Burg Ludwigstein genießen. Ein Kirscherlebnispfad, auf dem man viele Facetten des Kirschenlandes aktiv und spielerisch kennenlernen kann, sowie ein romantischer Wildkirschenweg runden das fruchtige Angebot ab.

Adresse rund um Witzenhausen, Zugänge: Kirschwanderweg 1 (8,5 Kilometer) und 2 (3 Kilometer): Parkplatz am Gasthaus Zur Krone, Eschweger Straße 14, 37215 Witzenhausen-Wendershausen; Kirschwanderweg 3 (2,5 Kilometer): Parkplatz am Hof Kindervatter, Auf der Roten Leithe 1, 37213 Witzenhausen; Kirscherlebnispfad (Stadtroute 1,8 Kilometer, Landschaftsroute 2,7 Kilometer): Station 1 am Marktplatz, Parkplätze Stadtmitte; Wildkirschenweg (5,4 Kilometer): Parkplatz am Nordbahnhof 1, 37213 Witzenhausen | Tipp Nahe dem 1413 erbauten Diebesturm an der Oberburgstraße gibt es einen Trainingsort für besonders ehrgeizige Kirschenfreunde: die Kirschsteinweitspuckbahn.

98 Das Völkerkundliche Museum

Eine faszinierende Reise zu den Kulturen der Welt

Träumerisch betrachtet ein Mädchen die phantasievolle Hochzeitstracht aus der Oase Siwa. Sie möchte auch einmal so heiraten, gesteht sie ihrem Vater, bevor sie sich auf den Weg zu einem Objekt aus einer anderen Welt begibt. Die Tracht aus der Libyschen Wüste ist eines von inzwischen mehr als 2.000 Exponaten aus der ethnografischen Sammlung zu den Kulturen der Welt, denen der Besucher im Völkerkundlichen Museum begegnen kann.

Das Leitthema der Ausstellung ist die menschliche Gesellschaft in Bezug zur natürlichen Umwelt. Beispielhaft werden Geräte zur Gewinnung, Verarbeitung und zum Genuss von Nahrung sowie Kleidung, Schmuck und Waffen aus Agrarkulturen Afrikas, Südamerikas und Ostasiens gezeigt. Güter des täglichen Gebrauchs, aber auch Kunstobjekte weisen auf die Lebensumstände der Menschen hin und auf die Tätigkeiten, die ihre Wirtschaftsweise ausmachen. Sie gewähren zudem Rückschlüsse auf die spezifischen umweltbedingten Überlebensstrategien. Die Grenze zwischen Gebrauchsgegenständen und Kunstwerken ist nicht immer eindeutig. Geräte können durch Verzierungen auch Kunst darstellen, Waffen durch Abstraktion zu Symbolen von Macht und Stärke werden. Ein zentrales, in vielen Exponaten zu erkennendes Thema der Kunst ist die Fruchtbarkeit, die den Tod überwindet und das Überleben der Völker ermöglicht.

In Raum 1 des 200 Quadratmeter großen, sehr ansprechend gestalteten Museums werden ägyptische Oasen dargestellt, in anderen Räumen Exponate zu den Themen Wildbeuter, Hirtennomaden, Bauern, Pflanzen und Fischer gezeigt. Viele Objekte der Sammlung wurden von Freunden und Absolventen der ehemaligen Deutschen Kolonialschule Witzenhausen und seiner Nachfolgeeinrichtungen seit etwa 1900 zusammengetragen – auch heute noch wird die Ausstellung durch Schenkungen und Leihgaben erweitert.

Adresse Steinstraße 19, 37213 Witzenhausen, Tel. 05642/6070 | **Anfahrt** Parkplätze in der Innenstadt. Vom Markt kommend geht man in die Steinstraße und vor dem ehemaligen Kloster links. Das Museum liegt linker Hand im offenen Innenhof. | **Öffnungszeiten** April–Okt. Mi, So 15–17 Uhr, Gruppenführungen ganzjährig nach Vereinbarung | **Tipp** In den schmucken alten Häusern rund um den Innenhof sind ein Internationaler Studierendenclub, eine ÖKO-Zertifizierungsstelle, Wohngemeinschaften und eine Kindertagesbetreuung untergebracht. Die im Hof stehenden Sitzgelegenheiten und die tagsüber verwaiste Cocktailbar gehören zum Club.

99 Albshausen

Die Hochtalidylle am Rande des Sandwalds

Wenige Kilometer von Witzenhausen entfernt liegt in einem abgeschiedenen Hochtal auf 200 bis 220 Meter Höhe das von Feldern und Wiesen umsäumte Albshausen. Die rings um das Dorf sanft ansteigenden Felder grenzen im Norden, Osten und Südosten an den Sandwald, einen wenig begangenen, von dichtem Mischwald bewachsenen Höhenzug an der Dreiländergrenze zwischen Hessen, Niedersachsen und Thüringen. Viele Nebenflüsse von Werra und Leine entspringen hier. Einer von ihnen ist der lauschige Dieffenbach, der mitten durch Albshausen und später in Gertenbach in die Werra fließt. Wer genau hinschaut, kann am Rande des Albshausener Sandwalds einige Mammutbäume entdecken.

Albshausen ist Witzenhausens ältester und kleinster Ortsteil – in dem 802 erstmals urkundlich erwähnten Dorf lebten 2015 nur 63 Menschen. Seit dem 1. Januar 1974 gehört das ländliche, 1,7 Quadratkilometer große Idyll zu Witzenhausen. Albshausen lässt sich am besten zu Fuß entdecken – besonders schöne Sichten auf das Dorf und das umliegende Hochtal gewinnt man bei einer Wanderung zwischen Witzenhausen und Schloss Berlepsch auf dem Werraburgensteig. Der Weg streift die Ortsmitte und führt nahe der Kaisereiche vorbei. Der prächtige, etwa 240 Jahre alte Baumveteran wächst auf dem Friedhof und wurde 2011 neu als Naturdenkmal ausgewiesen. Zu den Schönheiten des Orts gehören neben der Eiche auch hübsche Ziergärten, das schmucke Feuerwehrhaus, neugierig schauende Pferde und uralte Häuser, deren Fassaden von Hummeln als Wohn- und Ausflugsort genutzt werden. Seit Kurzem gibt es auch ein Selbstbedienungs-Lädchen im Dorf: ein voluminöser Holzschrank, aus dem sich der Wanderer mit Lebensmitteln versorgen kann. Er wurde von Ute Ebel vom gleichnamigen Bauernhof aufgestellt.

Albshausen ist im Übrigen der einzige Witzenhäuser Ortsteil, in dem (fast) kein Mobilgerät funktioniert. Der abgeschiedenen Lage sei Dank.

Adresse 37218 Witzenhausen-Albshausen | Anfahrt Wanderung: vom Bahnhof Witzenhausen über den Werraburgensteig (X5H) nach Albshausen und Schloss Berlepsch, vom Schloss weiter nach Gertenbach (insgesamt 10 Kilometer), von dort mit der Bahn zurück nach Witzenhausen; Auto: von Witzenhausen auf B 80 Richtung Hann. Münden, vor Gertenbach leicht rechts (Mündener Straße), in Gertenbach rechts (An der Linde), rechts (Albshäuser Straße) und dem Straßenverlauf folgen (K 70, Gertenbacher Straße) | Tipp Im Eingang des tegut-Markts in Witzenhausen (Stadt) steht der kreisweit erste, Ende 2016 aufgestellte Milchautomat. Er wird täglich mit Frischmilch vom Bauernhof Ebel in Albshausen befüllt.

100_Das Parimal

Ein kleines Stück vom Paradies

Viele Menschen träumen davon, in einer von Achtsamkeit und liebevollem Miteinander geprägten Gemeinschaft zu leben. An einem Ort, an dem man sich wohl und bestenfalls sogar geborgen fühlt, der umgeben ist von Natur, weit abseits der lärmenden Straßen.

Das Parimal ist für manche Menschen solch ein Platz. Die spirituelle Begegnungsstätte ist ein Ort zum Wohnen, Ankommen und (Er-)Leben. Zufällig vorbeikommende Wanderer genießen indes meist den Blütenzauber der Pflanzen im liebevoll gehegten Innenhof oder ein Getränk im lauschigen Hofgarten-Café. Dort trifft man auch die Parimalis: die Menschen, die im Parimal leben. Viele arbeiten zum Wohle der Gemeinschaft.

Begonnen hat die Geschichte des Parimal auf dem nahe gelegenen Schloss Berlepsch, als Sittich Graf von Berlepsch 1980 nach seiner Begegnung mit dem indischen Mystiker Osho (damals Bhagwan) die Kommune »Arvind« gründete. Zwei Jahre später übergab er Gut Hübenthal (das heutige Parimal) einer Gruppe von Sannyasins, also Schülern von Osho. Diese luden zahlreiche Seminarleiter ein, die den Ort als Seminarplatz schätzten. Der Seminarhausbetrieb wurde 1984 aufgenommen. Schon bald zogen immer mehr Menschen an den malerisch gelegenen Ort. Gleichzeitig wurden von der Gemeinschaft die bestehenden Häuser restauriert und weitere Gebäude des Gutshofs ausgebaut.

Das Parimal versteht sich als offenes Netzwerk, das auf der Basis von Meditation und Achtsamkeit neue Lebens- und Umgangsformen fördert. Natürlich ist das Parimal auch ein professioneller Dienstleistungsbetrieb mit eigenem Seminar- und Veranstaltungsprogramm – in seinem Seminarhaus werden jährlich bis zu 140 Gruppen betreut. Seit 2007 sind die wirtschaftlichen Aktivitäten der Gemeinschaft in einer Genossenschaft organisiert. Heute leben und arbeiten auf dem Gutshof etwa 80 Menschen in einer Lebensgemeinschaft – allein, in Paaren, Familien oder Wohngemeinschaften.

Adresse Parimal Gut Hübenthal e. G., Hübenthal 1, 37218 Witzenhausen-Berlepsch/-Ellerode/-Hübenthal, www.parimal.de | **Anfahrt** von Witzenhausen auf B 80 Richtung Hann. Münden, vor Gertenbach leicht rechts (Mündener Straße), in Gertenbach rechts (An der Linde), links (Hübenthaler Straße) und weiter bis Gut Hübenthal, zum Parimal-Parkplatz im Ort in der Rechtskurve geradeaus | **Öffnungszeiten** Hofgarten-Café: ganzjährig | **Tipp** Im Osho Meditation Center finden täglich Meditationen und Satsangs statt, die zum Teil auch Besuchern offenstehen.

101__Robins Nest

Die Anderswelten am Schloss Berlepsch

Hoch oben in den Berlepschen Wäldern ragt aus den Kronen der Bäume Schloss Berlepsch, das schönste Schloss Hessens (nach einer Wahl von Hörern des Hessischen Rundfunks). Unzählige Sagen, heimelige Orte, Abgeschiedenheit, Poesie und innovative Geschäftsgeister haben in und um das malerische Terrain ihren Platz gefunden. Der schillerndste Ort ist natürlich das Schloss selbst: Schon kurz nach seinem Bau im 14. Jahrhundert wurde es zerstört und neu aufgebaut. Im Dreißigjährigen Krieg wurde es von Tillys Truppen weitgehend niedergebrannt, von Wallenstein kurz darauf noch einmal zerstört, dann aber wieder neu errichtet. Nach dem Zweiten Weltkrieg war das Anwesen ein beliebtes Motiv bei Spaßfilmen mit Heinz Erhardt, in den 1960er und 1970er Jahren diente es als Gruselkulisse für manche Edgar-Wallace-Filme. Anfang der 1980er Jahre wurde es von den Sannyasins, also den Anhängern des indischen Mystikers Osho (damals Bhagwan), als Meditationszentrum erwählt.

Heute kann man im Schloss auf den Spuren des Mittelalters wandeln und dabei allerlei Besonderes entdecken (zum Beispiel die Berlepschen Nistkästen), im Schlossrestaurant und einer Taverne speisen, Mittelalterfeste und Gruseldinner besuchen und sogar heiraten. Nahe dem Schloss warten die Wirren eines Maislabyrinths, eine kürzlich gepflanzte Plantage mit dem Berlepscher Apfel und das Baumhaushotel »Robins Nest« auf ihre Besucher.

In Robins Nest kann man in Häusern und Zelten in bis zu sieben Meter Höhe unter Buchenkronen ruhen – nachdem man die »Nester« über Treppen und Hängebrücken erklommen hat. Ersonnen hat die im April 2014 eröffnete Baumhausherberge der Gertenbacher Peter Becker. Nach seinen Wünschen soll das aus recycelten Materialien gebaute Baumhaus-Idyll irgendwann aus zahlreichen »Nestern« bestehen, die sich zu einem Dorf vernetzen. Ein Dorf, in dem man sich über Brücken und Tunnel erreicht.

Adresse nahe Schloss Berlepsch, Berlepsch 1, 37218 Witzenhausen-Berlepsch/-Ellerode/-Hübenthal, www.robins-nest.de | Anfahrt Von Witzenhausen auf B 80 Richtung Hann. Münden, vor Gertenbach leicht rechts auf Mündener Straße, in Gertenbach rechts (An der Linde), links (Hübenthaler Straße), auf L 3238 an Gut Hübenthal vorbei, kurz vor Mollenfelde zweimal rechts zum Schloss. Robins Nest liegt oberhalb des Hauptparkplatzes. | Öffnungszeiten Schloss ganzjährig, Restaurant (Berlepscher Tafelrunde) siehe www.schlossberlepsch.de | Tipp Vom Schloss führen wunderschöne Wanderwege hinab zum Parimal (Werraburgensteig, X5H), nach Gertenbach (Weg G) und Albshausen (X5H).

102__Das Froschmuseum

... und die Geschichte der Dohrenbacher Frösche

Es war einmal ein Lehen von Schloss Berlepsch mit Namen Dohrenbach, gelegen am Saume des Kaufunger Walds. Dort, wo heute im Dorf der Kinderspielplatz ist, war einst ein Sumpf, in dem sich im Frühjahr stets zahllose Frösche trafen. Alle Vorbeiziehenden, sei es zu Fuß oder mit dem Pferdefuhrwerk, hörten Tag für Tag das Konzert der Teichbewohner. Seit jener Zeit werden die Einheimischen des Dorfs die Dohrenbacher Frösche genannt.

So oder ähnlich beginnt eine Geschichte um das 1199 erstmals urkundlich als Durebach erwähnte Dorf, in dem sich tatsächlich vieles um Frösche dreht. Frösche unterschiedlichster Größe sitzen in Vorgärten und schauen aus Fenstern. An einem Fahnenmast werden in Scherenschnitten Szenen aus »Der Froschkönig oder der Eiserne Heinrich« skizziert: Mit jenem Grimm-Märchen fühlen sich die Dohrenbacher Frösche seit jeher verbunden.

Die vermutlich innigste Froschverbindung im Dorf hat aber Marion Zindel. Die 1957 geborene Dohrenbacher Frosch-Frau beherbergt in einer Scheune hinter dem Landgut-Hotel »Zur Warte« weit mehr als 12.000 Frösche (bei dieser Zahl hörte sie auf zu zählen). Winzige und mannsgroße Frösche, Frösche mit und ohne Krone, Frösche aus (fast) ganz Europa, China, Thailand und den USA. Die Frösche entdeckte Frau Zindel auf ihren Reisen, sie sind Geschenke von Gästen oder übernommene Sammlungen. Anfang des neuen Jahrtausends erwarb sie das inzwischen verlängerte Patent für das »Erste Deutsche Froschmuseum«, ihre Sammlung gilt als eine der weltweit größten. 1989 erblickte sie ihren ersten Frosch bei einem traurigen Anlass in einem Duisburger Blumenladen – er sitzt heute im Frühstücksraum ihres Hotels.

Befragt man Marion Zindel nach ihren Wünschen, so sagt sie, dass sie ihr Museum am liebsten noch die kommenden 30 Jahre leiten mag. Erst im hohen Alter möchte sie jemanden finden, der sich ihrer Lieblinge annimmt und das Museum weiterführt.

Adresse Erstes Deutsches Froschmuseum am Hotel zur Warte, Warteweg 1 (Ecke Ringkopfstraße), 37216 Witzenhausen-Dohrenbach, Tel. 05542/3090, www.froschmuseum.de, www.hotelzurwarte.de | **Anfahrt** von Witzenhausen auf B 451 Richtung Großalmerode, rechts nach Dohrenbach (L 3389), dort rechts auf Ringkopfstraße, links auf Warteweg | **Öffnungszeiten** Sa, So ab 15 Uhr | **Tipp** Nahe dem Hotel befindet sich der Zugangspfad zu einem wunderschönen Rundweg, der über die an Kalkmagerrasen reichen Hügel rund um Roßbach geleitet (Premiumweg P9, zwölf Kilometer).

103 Die Eiben am Badenstein

Still stehen sie dort und vergessen die Zeit

Um in die Welt der Eiben zu gelangen, muss man erst um Zutritt bitten. Entlang einem asphaltierten, dann steinigen Sträßchen stellt sich dem Wandernden ein beschrankter Bahnübergang in den Weg. »Schranke wird auf Anruf geöffnet – bitte Hebel drücken.« Hinter dem Bahnübergang passiert man ein wunderschön bemaltes Fachwerkhaus-Duo, danach führt der Weg ein Stückchen am Waldrand entlang. Linker Hand werden erste Eiben sichtbar, zwischen ihnen blickt man auf die Bahnlinie, die Bundesstraße und die Seen der Werra-Aue hinab. Nach einer Rechtskurve zieht der Weg auf ansteigender Spur in den Wald – hier steht rechter Hand eine erste prächtige, uralte Eibe. Weitere folgen, vor allem linker Hand an den Hängen des Badensteins unter den Schirmen der hoch wachsenden Buchen. Eiben sind diejenigen Nadelbäume, die am wenigsten Licht benötigen. »BA«, die alte Kreidemarkierung für den Weg zum Badenstein, weist bald in die entgegengesetzte Richtung – dann heißt es umkehren, weitere Eiben auf Seitenwegen entdecken oder Richtung Witzenhausen oder Albshausen weiterwandern (siehe Tipp).

Der Eibenbestand am Badenstein gehört ebenso wie die Eiben bei Weißenborn (siehe Ort 93) zu den wenigen verbliebenen natürlichen Eibenvorkommen in Hessen. Die tiefgrünen, bis zu 1.000 Jahre alten Nadelbäume – die Eiben am Badenstein sind bis zu 600 Jahre alt – waren früher in Mitteleuropa häufig. Ihr begehrtes Holz, das im Mittelalter für die Herstellung von Armbrüsten und Bögen verwendet wurde, und die Giftigkeit der Pflanze führten dazu, dass der Mensch die Eibe in Wäldern stark dezimierte. Das Gift der Eibe – bis auf die Beeren sind alle Pflanzenteile giftig – hat in der Mythologie eine hohe Bedeutung. So tötete in der griechischen Mythologie die Jagdgöttin Artemis die Töchter der Niobe mit Eibengift-Pfeilen. Je nach Kultur galt die Eibe als Totenbaum, Symbol des Übergangs oder Pflanze des ewigen Lebens.

Adresse nahe Freudenthal, 37217 Witzenhausen-Ermschwerd, Zugang von Mündener Straße 45, 37213 Witzenhausen-Bischhausen | **Anfahrt** von Witzenhausen auf B 80 Richtung Hann. Münden, nach 1,5 Kilometern rechts auf Mündener Straße | **Tipp** Folgt man dem beschriebenen Weg weiter in den Wald hinein, gelangt man auf den Werraburgensteig (X5H): Er führt linker Hand nach Albshausen und Schloss Berlepsch, rechter Hand nach Witzenhausen. Ein weiteres größeres Eiben-Vorkommen liegt bei Asbach-Sickenberg (Thüringen) am Premiumweg P16.

104 Der alte Steinbruch

Der malerische Rundweg durch Gertenbach

»Achtung, hier brütet ein Uhu!« Gleich mehrfach prangen die mahnenden Worte am ehemaligen Kalksteinbruch von Gertenbach. Nahebei steht eine Infotafel, auf der die Flora und Fauna in dem beeindruckenden Steinbruch beschrieben wird. Mit etwas Glück kann man das seit vielen Jahren regelmäßig in Gertenbach brütende Uhu-Paar auch entdecken – meist als einen schnell dahinhuschenden Schatten, der den Steinbruchbesucher in den winterlichen Abendstunden (Januar–Februar) überfliegt. Auch die Zauneidechse und die harmlose, oft mit der Kreuzotter verwechselte Schlingnatter haben im Gertenbacher Steinbruch ein Zuhause gefunden. Unter den Pflanzen sind die Wildbirnen und die am und nahe des Steinbruchs stehenden Apfelbäume mit ihren zahlreichen Früchten ein echter Blickfang.

Die am Gertenbacher Steinbruch aufgestellte Infotafel »Lebensraum Steinbruch« ist die vierte von insgesamt sieben, die einen wunderschönen, 6,7 Kilometer langen Rundweg in und rund um Gertenbach säumen. Der Weg wurde im Rahmen der Dorferneuerung von der Ökologischen Gruppe Gertenbach unter Leitung von Helmut Herbort, Antje Wolff und Hans-Karl Jahnke ins Leben gerufen und im Jahr 2011 eröffnet. Jahnke, 1982 Begründer der mehrfach mit Umweltschutzpreisen ausgezeichneten Öko-Gruppe, ist inzwischen leider verstorben.

Um den Rundweg kennenzulernen, startet man am besten am Bahnhof, unterquert die Bahngleise und biegt dann nach links in den Dorfkern. Der Weg führt an besonderen Plätzen (Stationen) des Dorfes vorbei, die auf den sorgsam und liebevoll aufbereiteten Infotafeln vorgestellt werden. Neben dem Steinbruch selbst gehören der heimelige Weg entlang dem Dieffenbach mit dem Kalkofen, der Anstieg auf den Epberg und der aussichtsreiche Höhenweg an den Streuobstwiesen zu den schönsten Wegabschnitten. Wunderbar gelungen sind auch die Wegweiser mit einem historischen Gertenbach-Motiv.

Adresse 37218 Witzenhausen-Gertenbach, Startpunkt Infotafel am Bahnhof (P&R-Parkplatz, Untere Mühlenbergstraße) | Anfahrt von Witzenhausen auf B 80 Richtung Hann. Münden, vor Gertenbach leicht rechts (Mündener Straße), im Dorf rechts (An der Linde), nach Unterquerung der Brücke links (Hübenthaler Straße / L 3238), links auf Mühlbergstraße, links auf Untere Mühlbergstraße (Parkplatz) | Tipp Rund um Gertenbach gibt es wunderschöne Wanderwege, die unter anderem zum Parimal und zu Schloss Berlepsch führen. Achtung: Bitte nicht den Hang des Steinbruchs erklettern! Dies dient dem Schutze des Uhu-Brutplatzes.

105__Das Lädchen für alles

Das kleine Geschäft mit dem großen Konzept

Es ist das einzige Lebensmittelgeschäft an der B 80 zwischen Hann. Münden und Witzenhausen, der »kleinste tegut-Markt der Welt« (Eigenangaben) und einer der kleinsten Lebensmittelläden Hessens: das Lädchen für alles in Gertenbach. Und das ist wörtlich zu nehmen. In dem Lädchen ist auf kleinstem Raum ein großes Lebensmittelsortiment, darunter viele regionale Bioprodukte, zu normalen Preisen untergebracht. Der Besitzer tegut ist eine nordhessische Lebensmittelkette, die kürzlich von einem schweizerischen Unternehmen aufgekauft wurde. Das Lädchen ist aber auch ein soziales Zentrum. Hier plaudern Jung und Alt miteinander. In der Scheune nebenan gibt es sogar eine Kundentoilette.

Bevor das Lädchen im September 2010 eröffnet wurde, gab es in Gertenbach lange keinen Dorfladen. Dass das Lädchen überhaupt öffnen konnte, ist seinem Konzept und der Tatkraft der Menschen in Gertenbach zu verdanken. Das heutige Lädchen ist ein Inklusionsbetrieb, die Hälfte der Festangestellten hat eine Einschränkung. Die Belegschaft ist bei der stellenwert GmbH angestellt, die die Beschäftigungssituation für Menschen mit Beeinträchtigungen im Kreis verbessern und für sie Arbeitsplätze außerhalb von Werkstätten schaffen möchte. 2009 wurde der Werra-Meißner-Kreis Modellregion für Projekte, die dem demografischen Wandel begegnen. Die Sicherung der Nahversorgung in einem Dorf wie Gertenbach war ein förderwürdiges Ziel. Um jedoch EU-Gelder zu erhalten, benötigte man einen Verein: den Dorfladen für Gertenbach e. V. Zeitgleich hatte tegut ein Konzept zur Sicherung der dörflichen Nahversorgung entwickelt. Danach war das Ladenlokal in Gertenbach eigentlich zu klein, um wirtschaftlich interessant zu sein. Doch der Verein übernahm mit den EU-Geldern weitgehend die Kosten für den Umbau und die Erstausstattung des Lädchens. Die Kooperation von tegut und stellenwert ermöglichte seine wirtschaftliche Führung.

Adresse Mündener Straße 17, 37218 Witzenhausen-Gertenbach, Tel. 05542/5029275 | **Anfahrt** von Witzenhausen auf B 80 Richtung Hann. Münden, vor Gertenbach leicht rechts (Mündener Straße), das Lädchen liegt linker Hand | **Öffnungszeiten** Mo–Fr 7–19 Uhr, Sa 7–14 Uhr | **Tipp** Schräg gegenüber dem Lädchen steht die hübsche Sankt-Johannes-Kirche. Vor einigen Jahren ermöglichten Spenden die Installation einer neuen Läutanlage – der Klang der drei Bronzeglocken ist bezaubernd schön.

106 Die Zweiburgenblicke

Einst verfeindet, doch im Motiv vereint

Ein bei Poeten und Malern besonders beliebtes Motiv im Werratal ist der Zweiburgenblick bei Wendershausen. Wer dort die Gegend erkundet, stellt rasch fest, dass es aber weit mehr als einen Platz gibt, an dem man gleichzeitig die in Hessen stehende Burg Ludwigstein und die Burgruine Hanstein in Thüringen bestaunen kann. Die sich zu beiden Seiten der Werra erhebenden und einst verfeindeten Burgen prägen seit Langem die Landschaft und hinterlassen bei vielen Menschen beim Betrachten etwas Nostalgisches oder Wehmütiges, andere assoziieren mit den Aussichten die Unberührtheit und Schönheit der Natur. Die Zweiburgenblicke waren über Jahrzehnte aber auch ein mahnendes Symbol der deutschen Teilung. An der Werra verlief die Grenze zwischen der Bundesrepublik Deutschland und der DDR.

Der »klassische« Zweiburgenblick liegt direkt am Ortsausgang von Wendershausen (in Richtung Bad Sooden-Allendorf) und ist mit einem Holzschild (Foto) und einer Tafel mit Informationen zu den Burgen gekennzeichnet. Ein weiterer wunderschöner Zweiburgenblick liegt oberhalb von Wendershausen am Kirschwanderweg 2 (siehe Ort 97). Dort kann man gleichzeitig auch einen Ausblick auf Wendershausen, Unterrieden, die Wendershäuser Aue, die hangabwärts stehenden Kirschbäume und die Werra genießen. Weitere schöne Burgenblicke »mit verdrehtem Motiv« (Burg Ludwigstein linker Hand) zeigen sich am Weg vom Ludwigstein in Richtung Großer Habichtstein.

Überregional bekannt wurden die Burgenblicke 2011, als das Bundesfinanzministerium die Briefmarke »Zweiburgenblick im Werratal« herausgab. Die Marke zeigt den Zweiburgenblick in Anlehnung an ein historisierendes Gemälde von Ernst Metz. Der Eschweger Maler und Grafiker malte das Bild »Auf der alten Poststraße Mühlhausen-Cassel am Ludwigstein AD 1796« in seinem Todesjahr 1973. Gestaltet wurde die 90-Cent-Marke von Joachim Rieß, einem Grafiker und Medailleur aus Chemnitz.

Adresse »klassischer« Zweiburgenblick: Eschweger Straße, 37215 Witzenhausen-Wendershausen | Anfahrt von Witzenhausen auf L 3464 nach Wendershausen, dort bis zum Ortsausgang | Tipp Ein wunderschöner Spazierweg von Wendershausen nach Witzenhausen führt durch die Wendershauser Aue – dort weitet sich das Werratal, und man flaniert entlang von fruchtbaren Feldern und zahllosen Kirschbäumen.

107 Die Burg Ludwigstein

Orte zum Nachdenken und Innehalten

Zu den beliebtesten Zielen im Werratal gehört die Burg Ludwigstein. Die wunderschöne Burg wurde 1415 vom hessischen Landgrafen Ludwig I. in Sichtweite zur weit früher errichteten Burg Hanstein (auf der anderen Werraseite im thüringischen Eichsfeld) erbaut und war ein wichtiger territorialer Grenzpunkt zum Eichsfeld. Sie war nie im Besitz eines Adelsgeschlechts und wurde von Amtsmännern verwaltet, die die Interessen der hessischen Landgrafen vertraten. Im 17. Jahrhundert verlor die Burg an Bedeutung und galt ab 1882 als verlassen. Kurz darauf verschwand sie auch von vielen regionalen Landkarten. 1906 entdeckten Wandervögel aus Göttingen, Kassel und Hannover die Burg wieder. Wanderer der jugendbewegten Bünde waren es auch, die die Burg um 1920 erwarben und als Ehrenmal für die Gefallenen des Ersten Weltkrieges als Burg der Jugendbewegung (Jugendburg) neu aufbauten.

Seit 2012 kann man an der Burg ein als Werk- und Seminarhaus dienendes Gebäude besichtigen. Der sogenannte Enno-Narten-Bau wurde nach ökologischen Gesichtspunkten errichtet und gilt als das größte Strohballenhaus Deutschlands. 2011 wurde er von der UNESCO zum UN-Dekadeprojekt »Bildung für nachhaltige Entwicklung« erklärt. Benannt wurde das außergewöhnliche Gebäude nach dem Wandervogel Enno Narten, der maßgeblich am Erwerb und Aufbau der Jugendburg beteiligt war. Die Benennung des Baus wurde (und wird) allerdings kontrovers diskutiert, da Narten 1933 an der Übergabe der Burg an die Hitlerjugend beteiligt war und sich auch später öffentlich im Sinn des nationalsozialistischen Regimes äußerte.

Unterhalb der Burg gibt es einen weiteren bemerkenswerten Ort: die Paasche-Linde. Sie erinnert an Hans Paasche, einen deutschen Marineoffizier, Pazifisten, Schriftsteller und Redner der Jugendbewegung. Er wurde 1920 auf seinem Gut im heutigen Polen von Angehörigen eines Reichswehr-Schutzregimentes ermordet.

Adresse nahe 37214 Witzenhausen-Werleshausen | Anfahrt Von Witzenhausen (Am Stieg) auf L 3464 Richtung Bad Sooden-Allendorf, durch Wendershausen, rechts auf B 27, kurz danach leicht rechts und wieder rechts zur Burg. Die Paasche-Linde liegt linker Hand am Zufahrtssträßchen zur Burg. | Tipp Die Besichtigung der Burg lohnt sich sehr. Zur Mittagszeit dürfen Wanderer oft auch von den in der Burgküche zubereiteten Mahlzeiten speisen.

108 Die Eichenlieden

Hirschkäfer im Plauderwald

Wer im Internet nach dem Wort Eichenlieden sucht, findet dort nicht viel. Man erfährt, dass der 70 Hektar große und bis zu 396 Meter hoch liegende Eichenwald zum Höheberg, einem Höhenzug des unteren Werraberglandes, gehört, der vornehmlich im Eichsfeld und damit in Thüringen liegt. Nur die östlich von Werleshausen liegenden Eichenlieden mit dem benachbarten Hartberg (318 Meter) zählen seit dem Wanfrieder Abkommen (siehe Ort 83) zu Hessen.

Die zum Höheberg gehörende Teufelskanzel, die nordwestlich des Gebirgszugs liegende Burg Hanstein und das Stockmacherdorf Lindewerra sind beliebte Ausflugsziele in Thüringen. Kaum bekannt sind indes die einsamen Eichenlieden mit ihren hochgewachsenen, zum Teil uralten Eichen. Der Name des wunderschönen Terrains stammt, so schwören zumindest viele Werleshausener, von den Wahrnehmungen beim Spaziergang in diesem Wald. Unter dem Laubdach der mächtigen Bäume lässt sich ein leises, an einen Gesang erinnerndes Rauschen vernehmen.

Wer genau hinschaut, kann in den Eichenlieden auch dem Hirschkäfer begegnen. Der bei uns selten gewordene große Käfer mit den geweihartig verlängerten Oberkiefern (Mandibeln) der Männchen kommt hier noch häufig vor. Hirschkäfer leben auf alten Eichen, wo sie sich von austretenden Baumsäften ernähren, die sie auflecken. Die Weibchen helfen den Männchen, indem sie mit ihren unauffälligen, aber kräftigen Mandibeln die Wunden von Eichenrinden vergrößern. Die meiste Lebenszeit verbringt ein Hirschkäfer als Larve. Diese entwickeln sich in morschen Eichenstuben und verpuppen sich nach bis zu achtjähriger Entwicklung in Kammern am Erdboden. Ein erwachsener Hirschkäfer lebt nur noch drei bis vier Wochen.

Um den Hirschkäfer ranken sich viele Mythen und Legenden: Bei den Germanen galt er als heiliges Tier des Gottes Donar, bei den Römern dienten seine Geweihe als Amulett und die Larven als Delikatesse und Aphrodisiakum.

Adresse nahe 37214 Witzenhausen-Werleshausen | **Anfahrt** von Witzenhausen auf B 27 Richtung Bad Sooden-Allendorf, Abzweig nach Werleshausen, über die Straße Am Rasen zum Parkplatz Lindenhof (an der Werrabrücke), zu Fuß weiter südlich auf Am Rasen, links (An der Junkerscheune), die Schienen unterqueren, geradeaus in den Wald | **Tipp** Die in den Eichenlieden weiter aufwärts führenden Wege enden am Grünen Band. Hält man sich dort links, erreicht man Burg Hanstein. Achtung: Der einstige Fußweg oberhalb von Werleshausen zum Hanstein ist unterbrochen: Die über die Schienen führende Metzentalbrücke wurde im Oktober 2018 abgerissen.

109 Die Hasenkanzel

Segenssprüche vor bezaubernder Aussicht

Die sagenumwobene Hasenkanzel ist wahrlich ein magischer Ort: Am oberen Rand einer steil abfallenden Felsennase aus Buntsandstein eröffnet sich in etwa 300 Meter Höhe inmitten eines lauschigen Eichenwaldes ein malerisches Aussichtsfenster, durch das man direkt auf Burg Ludwigstein schauen kann. Von der nahezu gleich hoch liegenden Burg bis hin zur Hasenkanzel sind es auf dem Luftweg nur 500 Meter – dazwischen liegen allerdings zwei steile Berghänge, der imposante Durchbruch der Werra, das Dorf Werleshausen und zwei Landstraßen.

Der Name des versteckt liegenden, gemeinhin wenig bekannten Ausflugsziels beruht auf der althergebrachten Überlieferung, nach der einst junge Hasen auf diesem Felsen getauft wurden. Verwittert, aber dennoch zu erkennen ist ein Stein in Form eines Taufbeckens. Auf dem eigentlichen Steinvorsprung, der Kanzel, soll Meister Lampe berührende Taufpredigten gehalten haben.

Die Hasenkanzel ist einer der südlichsten Punkte der Ebenhöhe, eines großflächigen, weitgehend bewaldeten Bergplateaus, das im Nordwesten an Unterrieden, im Nordosten an Neuseesen und im Südosten an Werleshausen (heute alles Ortsteile von Witzenhausen) grenzt. Über die Ebenhöhe verlief jahrhundertelang die Grenze zwischen der Landgrafschaft Hessen-Kassel (bis 1803) beziehungsweise dem Kurfürstentum Hessen (bis 1865) und dem mainzischen Eichsfeld (bis 1803) beziehungsweise der preußischen Provinz Sachsen. Einige Grenzsteine mit den Beschriftungen »KP« (Königreich Preußen) und »KH« (Kurfürstentum Hessen) lassen sich noch heute aufspüren – sie stehen zum Teil direkt am Wegesrand.

Folgt man an der Hasenkanzel dem allmählich weniger ansteigenden Weg, kann man eine herrliche Aussicht auf Burg Hanstein genießen und einen naturbelassenen Waldsportplatz entdecken. Bis auf einen Tag im Jahr (Christi Himmelfahrt) ist es auf der Ebenhöhe nahezu menschenleer.

Adresse nahe 37214 Witzenhausen-Werleshausen | **Anfahrt** von Witzenhausen auf B 27 Richtung Bad Sooden-Allendorf, Abzweig nach Werleshausen, über die Straße Am Rasen zum Parkplatz Lindenhof (an der Werrabrücke), zu Fuß der aus dem Dorf hinausführenden Bornhagener Straße folgen bis zur unterbrochenen Leitplanke (rechter Hand), dort führt ein Pfad (Beschilderung E, Ebenhöhe / Hasenkanzel) in Serpentinen zur Hasenkanzel | **Tipp** Sehr sehenswert ist das ehemalige Rittergut mit seinem schlossähnlichen Herrenhaus in der Ortsmitte von Werleshausen.

110 Die Burg Ziegenberg

Die kleine Märchenwelt am Freizeitpark

Ziegenhagen – damit verbinden viele Touristen einen Besuch des vor allem bei Kindern beliebten Erlebnisparks vor den Toren des Orts, der in einem abgeschiedenen Hochtal des Kaufunger Waldes liegt. Ziegenhagen hat aber noch viele andere, gemeinhin wenig bekannte Dinge zu bieten. Hierzu gehört auch die Burgruine Ziegenberg. Die Bezeichnung »Ziege« im Burg- und Ortsnamen leitet sich von einstigen Besitzern der Burg, dem Geschlecht derer von Cygenberg (Schwanenberg), ab, bedeutet also nicht »Ziege«, sondern »Schwan«.

Die Burgruine Ziegenberg liegt auf dem 270 Meter hohen Burgberg und wurde vermutlich um 1100 erbaut. 1116 wurde Graf Dedo de Zygenberch erstmals urkundlich als Bewohner der Burg erwähnt. Das Gebäude bestand einst aus einer Haupt- und einer Vorburg sowie einem quadratischen Bergfried und hatte ein Ausmaß von 15 mal 30 Metern. Von den alten Gemäuern ist heute nur noch wenig zu sehen. Nachdem Erasmus von Buttlar, der letzte Bewohner der Burg, 1541 gestorben war, verfiel die Burg rasch, wobei allerdings auch eine beträchtliche Menge der Burg von den umliegenden Bewohnern zum Bau ihrer Häuser abgetragen wurde.

Von der alten Burg sind nur noch Relikte des früheren Bergfrieds, einige kleinere Mauerreste und Teile des Burggrabens zu erkennen. Trotz der wenigen verbliebenen Bausubstanz ist ein Besuch der Burg sehr verheißungsvoll. Die Licht- und Schattenspiele des Waldes und die Stille des Ortes sind bezaubernd. Nur gelegentlich dringen die Laute der Menschen aus dem Freizeitpark oder aus dem Dorf hinauf. Manchmal sind allerdings die Gesänge von Flöten oder anderen Instrumenten zu hören – die Menschen in Ziegenhagen musizieren gern. Die verträumte Szenerie an der Burgruine erinnert viele Menschen an die Welt mancher Märchen. Tatsächlich glauben nicht wenige, dass das grimmsche Märchen »Die sechs Schwäne« an der Burg Ziegenberg seinen Ursprung hat.

Adresse nahe Erlebnispark Ziegenhagen, Ziegenberg 3, 37217 Witzenhausen-Ziegenhagen | Anfahrt von Witzenhausen auf Ermschwerder Landstraße, L 3238, Witzenhäuser Landstraße, L 3238 und L 3302 nach Ziegenberg, dort links in Ziegenberg, am Erlebnispark Parkmöglichkeit; weiter zu Fuß den Anfahrtsweg zum Park zurück zur Hauptstraße, rechts, direkt hinter dem Bach wieder rechts (Am Bornhof), dem zweiten nach rechts führenden Waldweg (unmarkiert) auf den Burgberg folgen | Tipp Auf dem Fußweg zur Burg hat man bereits nach wenigen Gehminuten eine schöne Aussicht auf das Werratal bis hin zu Schloss Berlepsch. Malerisch ist die Szenerie am Ziegenhäger Ortseingang: Am urigen Rautenbachbrunnen geleitet eine alte Holzbrücke über den Bach in den Wald.

111 Das Poesietor

... der alten Scheune und ein märchenhafter Garten

Manche Worte stimmen nachdenklich, andere freudig oder traurig. Es gibt politische Zeilen und humorvolle Worte zwischen Aufbruch und Romantik von Schriftstellern ihrer Zeit. Zeilen von Erich Fried, Karin Kiwus oder Wolfgang Emmerich.

Erschaffen wurde das mit bunten Worten und Emotionen geschmückte Tor einer alten Scheune von Hans-Bernhard Nordhoff, einem promovierten Biologen aus Kassel. 2012 erwarb er mit seiner Partnerin Heidemarie Vahl den ehemaligen Degenhardt'schen Bauernhof, das einst größte Gehöft Ziegenhagens. Zum Zeitpunkt des Kaufs war das Anwesen jedoch schon lange kein Bauernhof mehr. Die früheren Stallungen waren abgerissen, und die alte Scheune hatte seit 1970 als Feuerwehrhaus gedient.

Nachdem Nordhoff und Vahl das 1732 von Johann Adam Diehl und Gertruda Diehlen errichtete Wohnhaus des alten Hofes bezogen hatten, gestalteten sie das Terrain vollständig um. Der Asphalt vor dem Feuerwehrhaus wich einem wunderschönen Garten, der sich um das Feuerwehrhaus herum bis hin zum Wohnhaus ausdehnt. Johannisbeeren, Quitten, Topinambur, Aronia- und Gojibeeren gehören heute ebenso zum Idyll wie eine Vielzahl an Libellen, Kröten und Fröschen, die das von einem natürlichen Bach (Steinbergsbach) durchflossene Areal besonders schätzen. Auch ein Vier-Sterne-Bienen-Igel-Hotel und ein Rankhilfehaus für anlehnungsbedürftige Pflanzen sind im Garten vorhanden. Der Innenraum der alten Scheune wurde renoviert und mit historischen Requisiten bestückt, und ihr Tor wurde zur Eintrittspforte in eine poetische Welt. Selbstverständlich konnte Nordhoff, der Weltliteratur unterschiedlicher Strömungen schätzt und zitiert, nur eine kleine Auswahl seiner liebsten Zeilen auf dem Tor festhalten.

Wer das alte Gut in Ziegenhagen besucht und höflich fragt, darf vielleicht sogar mehr als das Poesietor bestaunen und sich einen geführten Rundgang durch den Garten erhoffen.

Adresse Sebastian-Kneipp-Straße 53/55, 37217 Witzenhausen-Ziegenhagen | Anfahrt von Witzenhausen auf Ermschwerder Landstraße, L 3238, Witzenhäuser Landstraße, L 3238, L 3302 nach Ziegenhagen, links auf Sebastian-Kneipp-Straße, das Haus und das Poesietor liegen linker Hand | Tipp Einst lebten und arbeiteten auch Glasbläser in Ziegenhagen: Am Ortsende lohnt ein Abstecher zum malerisch gelegenen Nymphenteich, der durch das Glasgewerbe entstand. Skulpturen am Endpunkt der Buslinie (Glashütte) zeigen, wo sich bis 1907 die Ziegenhäger Glashütte befand.

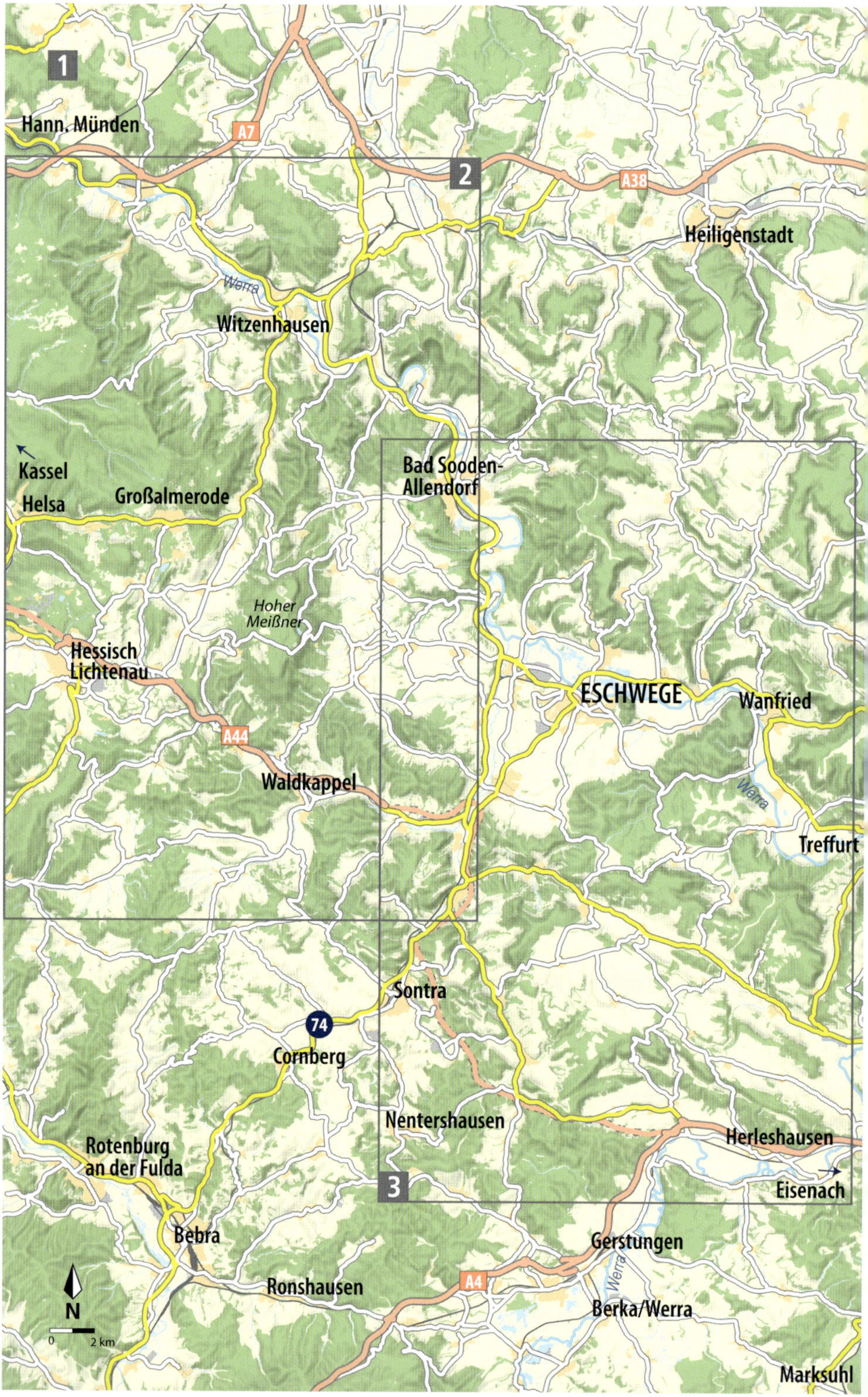
1
Hann. Münden
A7
2
A38
Heiligenstadt
Werra
Witzenhausen
Kassel
Helsa
Großalmerode
Bad Sooden-
Allendorf
Hoher
Meißner
Hessisch
Lichtenau
ESCHWEGE
Wanfried
A44
Waldkappel
Werra
Treffurt
Sontra
74
Cornberg
Nentershausen
Herleshausen
Rotenburg
an der Fulda
3
Eisenach
Bebra
Gerstungen
Werra
Ronshausen
A4
Berka/Werra
N
0
2 km
Marksuhl

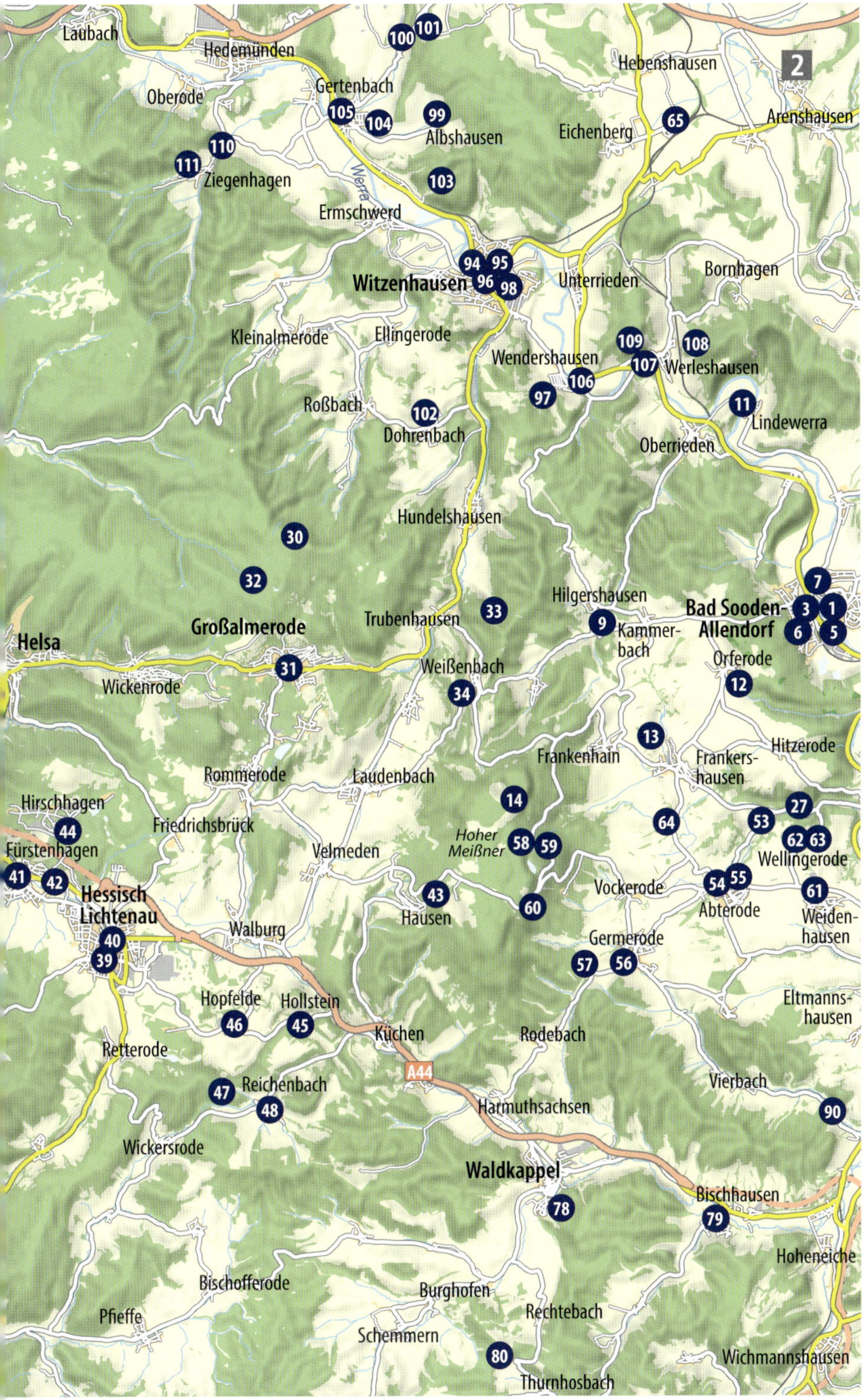

2
Laubach
Hedemünden
Oberode
Gertenbach
Albshausen
Hebenshausen
Eichenberg
Arenshausen
Ziegenhagen
Werra
Ermschwerd
Witzenhausen
Unterrieden
Bornhagen
Kleinalmerode
Ellingerode
Wendershausen
Werleshausen
Roßbach
Dohrenbach
Lindewerra
Oberrieden
Hundelshausen
Hilgershausen
Bad Sooden-Allendorf
Helsa
Großalmerode
Trubenhausen
Kammerbach
Orferode
Wickenrode
Weißenbach
Frankenhain
Frankershausen
Hitzerode
Rommerode
Laudenbach
Hirschhagen
Friedrichsbrück
Hoher Meißner
Wellingerode
Fürstenhagen
Velmeden
Hessisch Lichtenau
Hausen
Vockerode
Abterode
Weidenhausen
Walburg
Germerode
Hopfelde
Hollstein
Eltmannshausen
Küchen
Rodebach
Retterode
A44
Reichenbach
Vierbach
Harmuthsachsen
Wickersrode
Waldkappel
Bischhausen
Hoheneiche
Bischofferode
Burghofen
Rechtebach
Pfieffe
Schemmern
Wichmannshausen
Thurnhosbach

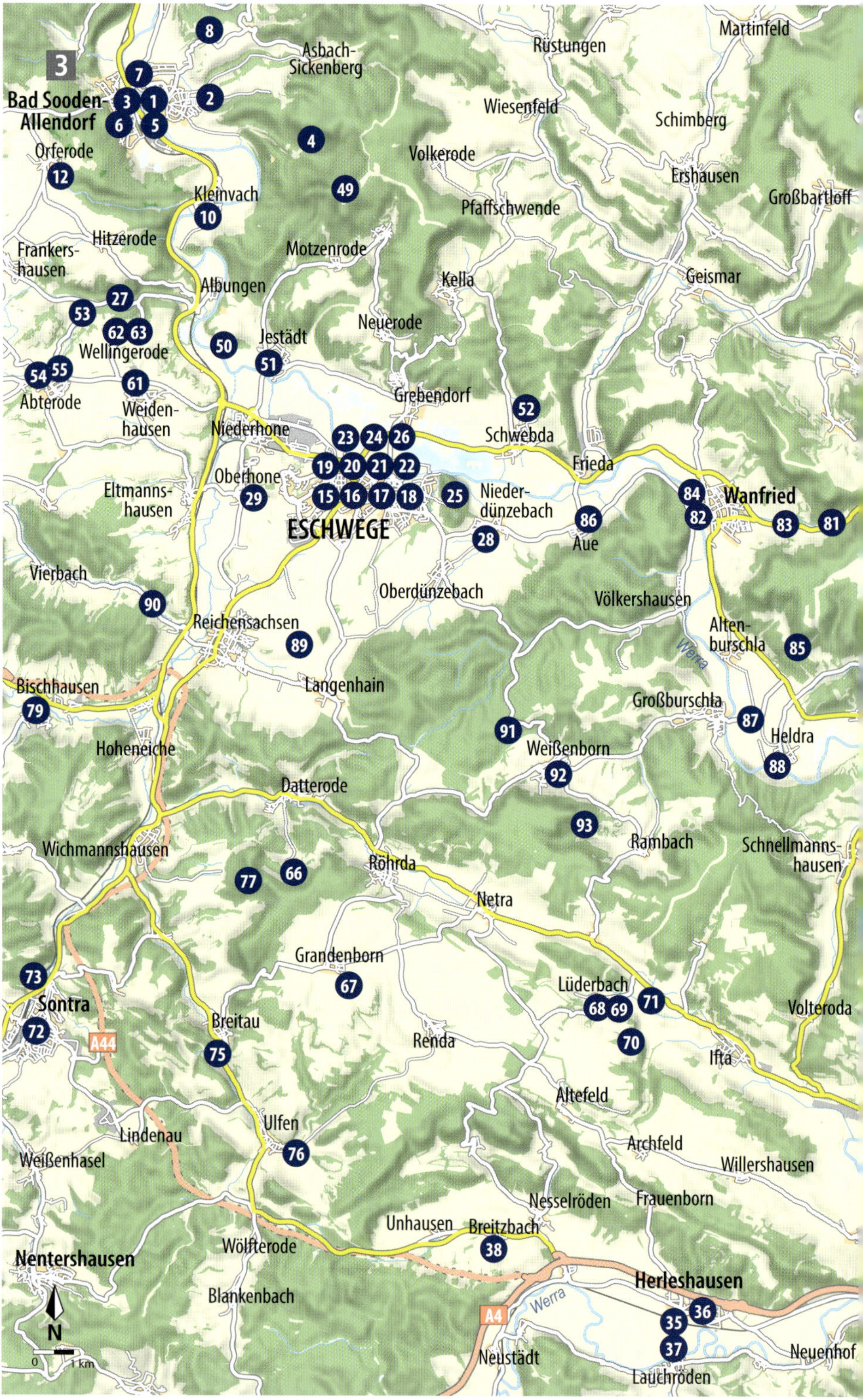
3
Bad Sooden-Allendorf
Asbach-Sickenberg
Rüstungen
Martinfeld
Wiesenfeld
Schimberg
Orferode
Volkerode
Ershausen
Kleinvach
Pfaffschwende
Großbartloff
Frankershausen
Hitzerode
Motzenrode
Albungen
Kella
Geismar
Neuerode
Wellingerode
Jestädt
Abterode
Weidenhausen
Grebendorf
Niederhone
Schwebda
Oberhone
Frieda
Wanfried
Eltmannshausen
Niederdünzebach
ESCHWEGE
Aue
Vierbach
Oberdünzebach
Völkershausen
Reichensachsen
Altenburschla
Werra
Bischhausen
Langenhain
Großburschla
Heldra
Hoheneiche
Weißenborn
Datterode
Rambach
Schnellmannshausen
Wichmannshausen
Röhrda
Netra
Grandenborn
Lüderbach
Sontra
Volteroda
Breitau
Renda
A44
Ifta
Altefeld
Ulfen
Lindenau
Archfeld
Weißenhasel
Willershausen
Nesselröden
Frauenborn
Unhausen
Breitzbach
Wölfterode
Nentershausen
Herleshausen
Blankenbach
Werra
A4
N
0
1 km
Neustädt
Neuenhof
Lauchröden

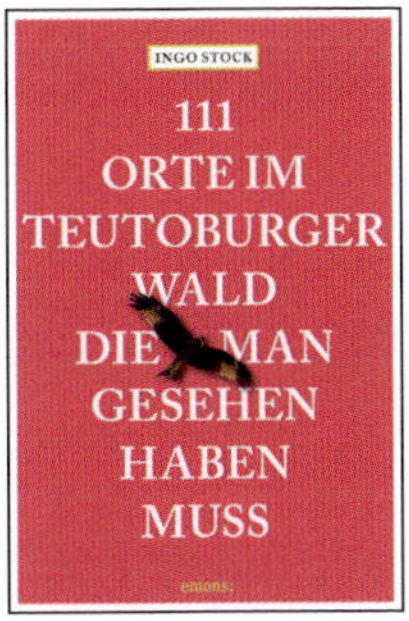

Ingo Stock
111 Orte im Teutoburger Wald, die man gesehen haben muss
ISBN 978-3-95451-859-3

Ingo Stock
111 Orte auf Spiekeroog, die man gesehen haben muss
ISBN 978-3-7408-0339-1

Tim Frühling
111 Orte in Mittelhessen, die man gesehen haben muss
ISBN 978-3-7408-0883-9

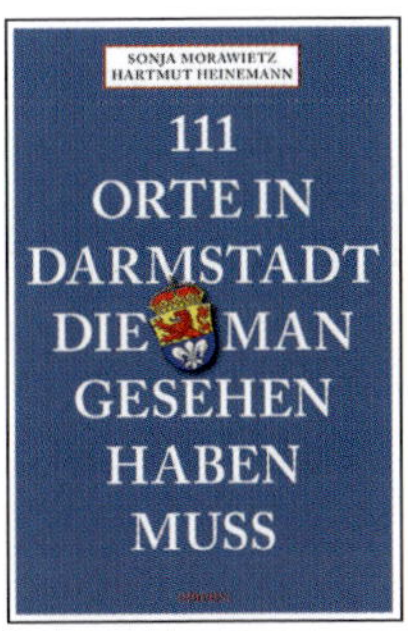

Sonja Morawietz,
Hartmut Heinemann
111 Orte in Darmstadt, die man gesehen haben muss
ISBN 978-3-95451-920-0

Dietmar Hoos, Susanne Hoos
111 Orte in Kassel, die man gesehen haben muss
ISBN 978-3-7408-0728-3

Eva Wodarz-Eichner
111 Orte in Wiesbaden, die man gesehen haben muss
ISBN 978-3-95451-670-4

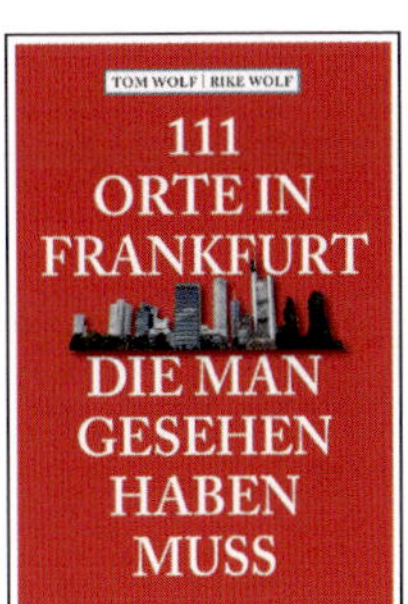

Rike Wolf, Tom Wolf
111 Orte in Frankfurt, die man gesehen haben muss
ISBN 978-3-95451-342-0

Christina Marx, Ingrid Schick
111 Orte im Vogelsberg und in der Wetterau, die man gesehen haben muss
ISBN 978-3-95451-227-0

Gertrud Steiger, Joachim Steiger
111 Orte im Odenwald, Spessart und an der Bergstraße, die man gesehen haben muss
ISBN 978-3-7408-0878-5

Daniel Robbel, Dirk Unschuld
111 Orte im Ahrtal, die man gesehen haben muss
ISBN 978-3-7408-0850-1

Bernd Imgrund
111 Orte in der Eifel, die man gesehen haben muss
ISBN 978-3-7408-0729-0

Bernd Imgrund
111 Orte in der Eifel, die man gesehen haben muss, Band 2
ISBN 978-3-7408-0552-4

Barbara Kemmer, Frank Schmitt
111 Orte in Koblenz, die man gesehen haben muss
ISBN 978-3-7408-0439-8

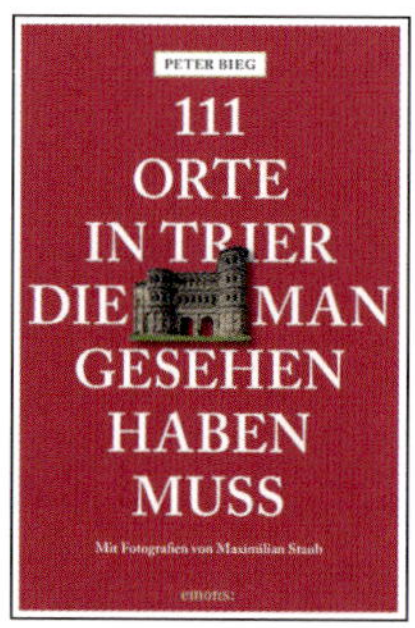

Peter Bieg, Maximilian Staub
111 Orte in Trier, die man gesehen haben muss
ISBN 978-3-95451-848-7

Anke Müller
111 Orte an der Mosel, die man gesehen haben muss
ISBN 978-3-95451-325-3

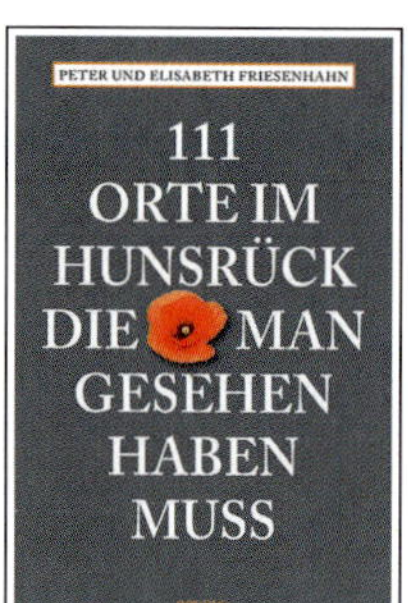

Elisabeth Friesenhahn, Peter Friesenhahn
111 Orte im Hunsrück, die man gesehen haben muss
ISBN 978-3-95451-319-2

Christina Kuhn, Christian Löhden
111 Orte in der Pfalz, die man gesehen haben muss
ISBN 978-3-7408-0881-5

Stefanie Jung
111 Orte in Rheinhessen, die man gesehen haben muss
ISBN 978-3-7408-0738-2

Stefanie Jung
111 Orte in Mainz, die man gesehen haben muss
ISBN 978-3-95451-041-2

Matthias Pick
111 Orte in Jena, die man gesehen haben muss
ISBN 978-3-7408-0427-5

Ulf Annel, Juliane Annel
111 Orte an der Unstrut, die man gesehen haben muss
ISBN 978-3-7408-0347-6

Oliver Ultsch, Pia Ultsch
111 Orte in und um Coburg, die man gesehen haben muss
ISBN 978-3-95451-923-1

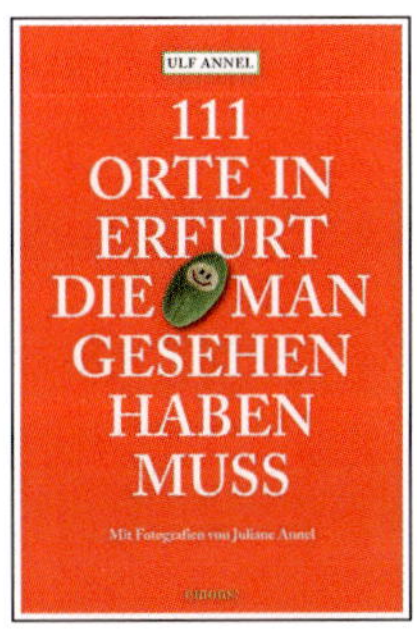

Ulf Annel, Juliane Annel
111 Orte in Erfurt, die man gesehen haben muss
ISBN 978-3-7408-0740-5

Ulf Annel, Juliane Annel
111 Orte in und um Erfurt, die man gesehen haben muss
ISBN 978-3-95451-913-2

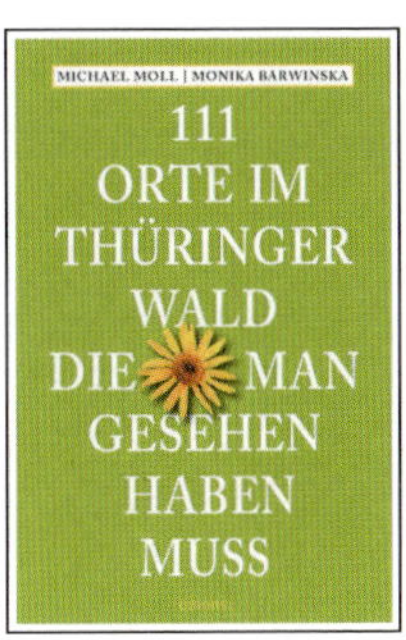

Michael Moll, Monika Barwinska
111 Orte im Thüringer Wald, die man gesehen haben muss
ISBN 978-3-95451-515-8

Ulf Annel, Juliane Annel
111 Orte in und um Weimar, die man gesehen haben muss
ISBN 978-3-95451-201-0

Jochen Reiss
111 Orte in und um Göttingen, die man gesehen haben muss
ISBN 978-3-7408-0730-6

Danksagung

Ich danke allen, die zum Gelingen dieses Buchs beigetragen haben. Für Ihre Hilfe und Unterstützung möchte ich mich ganz besonders bei meinen Eltern, Sabine Anders-Kleine, Karin Avesani und Edyta Fischer bedanken. Herzlichen Dank auch an Claudia Krabbes und Marco Lenarduzzi vom Geo-Naturpark Frau-Holle-Land, die mich ebenfalls bei der Umsetzung meines Projektes unterstützten. Schließlich möchte ich mich bei Nadine Ackermann, Uwe Arends, Helmut Becker, Ute Ebel, Wolfgang Frühauf, Wolf Goebel, Klaus Gogler, Helmut Herbort, Jürgen Horn, Petra Jathe, Katarina Klante, Richard Kröll, Annette Lieberknecht-Wolf, Maria Liebig, Dr. Hans-Peter Marsch, Thomas Mäurer, Kornelia Müller, Hans-Bernhard Nordhoff, Sieglinde Repp-Jost, Silvia Schaaf-Dormeier, Hanne Schnaar, Bernhard Schreck, Ida Schröder, Justyna Sharif, Johannes Siebold, Sieglinde Sunkel, Gabriele Türr, Klaus-Dieter Welker, Gerhard Wellmann, Peter Wieschnewski und Marion Zindel für ihre Hilfe bedanken.

Ingo Stock wurde 1968 im ostwestfälischen Lemgo geboren. Der promovierte Biologe arbeitet seit 2001 als freiberuflicher Wissenschaftsautor für nationale und internationale medizinische Fachzeitschriften. Seit 2010 publiziert der passionierte Naturliebhaber und Hobbyfotograf auch Reiseerlebnisbücher. Zuletzt erschienen »Auf den Spuren von Grimms Märchen« (2013), »Magische Orte im Werratal« (2015), »Magische Orte im Eggegebirge« (2015), »111 Orte im Teutoburger Wald, die man gesehen haben muss« (2017) und »111 Orte auf Spiekeroog, die man gesehen haben muss« (2018).